本书属于国家社科基金重大项目"中国共产党大党独有难题及应对策略研究"（23ZDA128）的成果

# 大党独有难题
## ——怎么看怎么解

洪向华 主编

人民出版社

# 目　录

前　言　百年大党独有难题如何解 ………………………… 1

第一章　如何始终不忘初心、牢记使命 ………………… 1

　　　　党的事业伟大而艰巨、任重而道远，有人走着走着就
忘记了为什么出发，忘记了共产主义远大理想和中国特色
社会主义共同理想，忘记了我是谁、为了谁、依靠谁，从
而丧失了共产党人的本色。我们必须坚守奠基创业时的初
心，坚守党的理想信念宗旨，始终为中国人民谋幸福、为
中华民族谋复兴，始终保持党同人民群众的血肉联系，永
葆党的先进性和纯洁性。

一、对初心和使命问题必须时刻保持清醒和坚定 ……… 2

二、"始终不忘初心、牢记使命"是中国共产党必须解决的
　　独有难题 ………………………………………… 13

三、破解如何"始终不忘初心、牢记使命"独有难题的实践
　　路径 ……………………………………………… 21

第二章　如何始终统一思想、统一意志、统一行动 ……… 33

　　　　党的规模大了，一些人容易出现搞小山头、小圈

子、小团伙现象，容易出现尾大不掉、自行其是问题，破坏党的团结统一，影响党的凝聚力战斗力。随着改革开放逐步深入，社会利益多元化、思想多样化也深刻影响到党员、干部的观念和行为。我们必须在重大问题、严峻形势面前始终心往一处想、劲往一处使，做到凝心聚力、众志成城，确保全党紧密团结在党中央周围，步调一致向前进。

一、统一思想、统一意志、统一行动是百年大党解决内外部
   问题的现实需要 ……………………………………… 34

二、统一思想、统一意志、统一行动是中国共产党必须解决的
   独有难题 ……………………………………………… 45

三、准确把握统一思想、统一意志、统一行动的实践要求 … 55

**第三章　如何始终具备强大的执政能力和领导水平** ………… 67

百年大党长期执政，思维惯性、行为惰性客观存在，一些老观念、老套路、老办法容易相沿成习，队伍不断发展壮大也带来干部良莠并存、参差不齐。我们必须与时俱进提高科学执政、民主执政、依法执政水平，克服干部队伍中存在的能力不足、本领恐慌，确保适应新时代要求、具备领导现代化建设能力，做到政治过硬、本领高强，堪当民族复兴重任。

一、提高执政能力和领导水平是无产阶级政党重要的使命
   任务 …………………………………………………… 68

二、"始终具备强大的执政能力和领导水平"内含着对长期
   执政与建设发展的深度忧思 ………………………… 76

三、依靠党的全面领导，建设政治过硬、适应新时代要求、
   具备领导现代化建设能力的高素质干部队伍 ……… 85

**第四章　如何始终保持干事创业精神状态** ·················· 98

执政几十年承平日久，许多党员、干部没有经历过生死考验，缺乏严峻斗争和艰苦环境的磨砺，容易追求安逸享乐而意志消沉、不思进取，容易在具有许多新的历史特点的伟大斗争面前慌了心神、乱了阵脚。我们必须始终保持艰苦奋斗、奋发有为的精气神，敢于斗争、善于斗争，勇于担当作为，全力战胜前进道路上各种困难和挑战，依靠顽强斗争不断打开事业发展新天地。

一、以实干精神践行为中国人民谋幸福、为中华民族
　　谋复兴的初心和使命················· 99

二、保持"创业不易，守业更难"的清醒与坚定，不断
　　提升党的执政能力 ·················· 108

三、新时代始终保持干事创业精神状态的实践要求 ·········· 116

**第五章　如何始终能够及时发现和解决自身存在的问题** ······ 128

堡垒最容易从内部被攻破，能打败我们的只有我们自己。我们这么大一个党，有着光荣的历史、伟大的成就，一些人很容易在执政业绩光环的照耀下出现忽略自身不足、忽视自身问题的现象，陷入"革别人命容易，革自己命难"的境地。我们必须坚持真理、修正错误，始终顺乎潮流、顺应民心，发扬经验、吸取教训，在世界形势深刻变化的历史进程中始终走在时代前列、朝着正确方向前进。

一、必须时刻保持及时发现问题、解决问题的清醒和坚定 ··· 128

二、"始终能够及时发现和解决自身存在的问题"是必须
　　解决的大党独有难题 ·················· 139

三、中国共产党在解决独有难题的奋斗历程中不断成长
　　壮大 ····························· 143

四、持续加强破解"始终能够及时发现和解决自身存在
　　问题"的能力 ································· 149

## 第六章　如何始终保持风清气正的政治生态 ········· 160

　　长期以来，各种弱化党的先进性、损害党的纯洁性的
因素无时不有，各种侵蚀党的肌体健康的病毒无处不在，
如果不严加防范，经常打扫政治灰尘，久而久之必将积重
难返。我们必须常怀忧患意识、底线思维，始终保持刀刃
向内的坚定自觉，补钙壮骨、排毒杀菌、祛病疗伤、去腐
生肌，涵养积极健康的党内政治文化，持续净化党内政治
生态，汇聚激浊扬清的强大正能量，使党永远不变质、不
变色、不变味。

一、能否始终保持风清气正的政治生态关乎党的事业成败
　　和民族兴亡 ······························· 161

二、始终保持风清气正的政治生态是中国共产党必须解决的
　　独有难题 ································· 170

三、准确把握新时代始终保持风清气正的政治生态的实践
　　要求 ··································· 180

后　记 ······································ 191

# 前言　百年大党独有难题如何解

党的二十大报告指出："我们党作为世界上最大的马克思主义执政党，要始终赢得人民拥护、巩固长期执政地位，必须时刻保持解决大党独有难题的清醒和坚定。"① 团结带领全国各族人民全面建成社会主义现代化强国、实现第二个百年奋斗目标，以中国式现代化全面推进中华民族伟大复兴，必须解决百年大党独有难题，确保中国共产党在世界形势深刻变化的历史进程中始终走在时代前列，在应对国内外各种风险和考验的历史进程中始终成为全国人民的主心骨，在坚持和发展中国特色社会主义的历史进程中始终成为坚强领导核心。

## 百年大党如何管——党要管党

管，是困扰大党的首要难题。习近平总书记指出："我们党是世界上最大的政党，大就要有大的样子，同时大也有大的难处。把

---

① 习近平：《高举中国特色社会主义伟大旗帜　为全面建设社会主义现代化国家而团结奋斗——在中国共产党第二十次全国代表大会上的报告》，人民出版社 2022 年版，第 63 页。

1

这么大的一个党管好很不容易，把这么大的一个党建设成为坚强的马克思主义执政党更不容易。"① 一个政党要壮大力量，首先要发展党员，但数量的增长并不必然意味着力量的增强和能力的提升。倘若组织涣散、党员作风散漫，这种"大"便是"虚胖"，越大越容易出问题。所以"大"必须伴随"管"，管好党员、管好党务，让所有党员有统一的思想、统一的步伐，让党的运转有章可循、有据可依，如此才能形成严密的组织体系，将每个党员的个体力量汇集为集体力量。中国共产党拥有 9800 多万名党员，500 多万个党的基层组织。如何确保党的团结统一？必须坚持党要管党。党要管党，不仅明确了"要管党"的目标，还明确了管党的主体，即党应该由党来管。党的百年奋斗历史经验告诉我们，党的事务绝不能由外人插手，必须立足自身从严管党治党。

管党要严。如何管党，与每个政党的纲领、章程、组织体系、党员构成和党的历史等自身条件以及所在国家国情等因素紧密相关。《中国共产党章程》明确规定："中国共产党是中国工人阶级的先锋队，同时是中国人民和中华民族的先锋队，是中国特色社会主义事业的领导核心，代表中国先进生产力的发展要求，代表中国先进文化的前进方向，代表中国最广大人民的根本利益。党的最高理想和最终目标是实现共产主义。"重大的责任和远大的理想，注定了党的事业是光荣且艰巨的事业，管党必须高标准严要求。全体党员要牢记党的宗旨，自觉做共产主义远大理想和中国特色社会主义共同理想的坚定信仰者和忠实实践者。

管党要全。万山磅礴，必有主峰；船重千钧，掌舵一人。谁来抓总？要坚定维护以习近平同志为核心的党中央权威和集中统一领

---

① 习近平：《推进党的建设新的伟大工程要一以贯之》，《求是》2019 年第 19 期。

导，保证全党的团结统一和行动一致，保证党的决定得到迅速有效地贯彻执行。如何抓全？要抓好党的组织体系建设，发挥好党的组织优势，完善上下贯通、执行有力的组织体系，确保各级党组织履行好党章赋予的各项职责，把党的路线方针政策和党中央决策部署贯彻落实好，把各领域广大群众组织凝聚好。同时，管好党员，发挥好党员的先锋模范作用，保持党员队伍的先进性和纯洁性。

## 百年大党如何治——全面从严治党

治，同样是困扰大党的难题。每个政党都有自己的政治目标，完成目标，有了成就，才有能力、有底气领导人民、管理国家。所以不仅要管党，更要治党，要激发党的活力，提升党的能力，如此才能实现党的目标。实现中华民族伟大复兴是一项伟大而艰巨的事业，前途光明，任重道远。党的二十大报告强调："全党必须牢记，全面从严治党永远在路上，党的自我革命永远在路上，决不能有松劲歇脚、疲劳厌战的情绪，必须持之以恒推进全面从严治党，深入推进新时代党的建设新的伟大工程，以党的自我革命引领社会革命。"①

党的自我革命永远在路上。1945 年，在陕北延安的窑洞，黄炎培提出了中国共产党如何跳出治乱兴衰历史周期率的历史之问，毛泽东同志给出了第一个答案，就是让人民监督政府。常怀远虑，居安思危。党的十八大以来，以习近平同志为核心的党中央经过不懈努力，找到了自我革命这一跳出治乱兴衰历史周期率的第二个答

---

① 习近平：《高举中国特色社会主义伟大旗帜　为全面建设社会主义现代化国家而团结奋斗——在中国共产党第二十次全国代表大会上的报告》，人民出版社 2022 年版，第 64 页。

案，并在党的二十大报告中要求将党的自我革命制度化，强调"完善党的自我革命制度规范体系"。党的二十大报告强调："坚持制度治党、依规治党，以党章为根本，以民主集中制为核心，完善党内法规制度体系，增强党内法规权威性和执行力，形成坚持真理、修正错误，发现问题、纠正偏差的机制。健全党统一领导、全面覆盖、权威高效的监督体系，完善权力监督制约机制，以党内监督为主导，促进各类监督贯通协调，让权力在阳光下运行。"① 一个政党，最难的就是历经沧桑而初心不改、饱经风霜而本色依旧，只有不断增强党自我净化、自我完善、自我革新、自我提高能力，才能确保党永远不变质、不变色、不变味。

全面从严治党永远在路上。党的十八大以来，党和国家事业取得历史性成就、发生历史性变革，推动我国迈上全面建设社会主义现代化国家新征程。从现在起，中国共产党的中心任务就是团结带领全国各族人民全面建成社会主义现代化强国、实现第二个百年奋斗目标，以中国式现代化全面推进中华民族伟大复兴。立足中华民族伟大复兴战略全局和世界百年未有之大变局，中国共产党人必须胸怀"国之大者"，坚守初心使命，始终成为中国特色社会主义事业的坚强领导核心。经过全面从严治党，我们解决了党内许多突出问题，但党面临的"四大考验"和"四种危险"长期存在，因此，党的二十大报告指出："全面从严治党是党永葆生机活力、走好新的赶考之路的必由之路。"② 我们要坚决落实新时代党的建设总要

---

① 习近平：《高举中国特色社会主义伟大旗帜　为全面建设社会主义现代化国家而团结奋斗——在中国共产党第二十次全国代表大会上的报告》，人民出版社 2022 年版，第 65—66 页。

② 习近平：《高举中国特色社会主义伟大旗帜　为全面建设社会主义现代化国家而团结奋斗——在中国共产党第二十次全国代表大会上的报告》，人民出版社 2022 年版，第 70 页。

求，坚持以严的基调强化正风肃纪，坚持党性党风党纪一起抓，从思想上固本培元，提高党性觉悟，增强拒腐防变能力，确保党始终坚强有力，为全面推进中华民族伟大复兴提供坚强政治保证。

## 百年大党如何长期执政——坚持人民至上

稳，也是困扰大党的难题。能不能克服前进路上的艰难险阻，治好国、理好政，让人民过上好日子，是摆在中国共产党面前的一大难题。为了实现中华民族伟大复兴，中国共产党团结带领中国人民浴血奋战、百折不挠，创造了新民主主义革命、社会主义革命和建设、改革开放和社会主义现代化建设、新时代中国特色社会主义的伟大成就。党的百年历史伟业是人民创造的，"江山就是人民，人民就是江山"，中国共产党领导人民打江山、守江山，守的是人民的心。不论过去、现在和将来，坚持以人民为中心的根本立场，把群众路线贯彻到治国理政全部活动之中，是我们党长期执政的重要法宝。

人民是历史的创造者，是决定党和国家前途命运的根本力量。延安红色政权是陕北人民用小米哺育出来的，淮海战役的胜利是人民用小车推出来的，农村改革是小岗村村民冒险摁红手印开启的，乡镇企业是苏南群众在改革大潮中摸索出来的，新时代数字经济、共享经济、网购经济的新业态新模式是亿万网民推动兴起的。人民立场是中国共产党的根本政治立场，是马克思主义政党区别于其他政党的显著标志。党与人民风雨同舟、生死与共，始终保持血肉联系，是党战胜一切困难和风险的根本保证。

中国共产党为人民的美好生活而不懈奋斗。随着时代发展和社会进步，人民美好生活需要日益广泛，不仅对物质文化生活提出了更高要求，而且对民主、法治、公平、正义、安全、环境等方面的要求日益增长。以人民为中心的发展思想，不是高高在上的宣传口号，绝对不能停留在口头上，要全方位贯穿于经济社会发展的各个环节，体现在人民群众获得感、幸福感、安全感的扎实提升上。只有准确把握人民对美好生活的新期待，才能与广大人民群众想在一起、干在一起，风雨同舟、同甘共苦，带领人民一起创造更加美好的生活，使民生福祉达到新水平。

为中国人民谋幸福是中国共产党不变的初心。中国共产党的奋斗史就是一部为人民谋幸福的历史。自诞生之日起，党就把"人民"二字铭刻在心，把坚持人民利益高于一切鲜明地写在自己的旗帜上。党的十八大以来，我们党团结带领人民推进一系列变革性实践，让发展成果更多更公平惠及全体人民，人民的日子越过越好。这些成就的取得，归根到底在于我们党始终把人民放在心中最高位置，把人民幸福镌刻在通向中华民族伟大复兴的里程碑上。百年沧桑，不忘初心，中国共产党摆脱了以往一切政治力量追求自身特殊利益的局限，不代表任何利益集团、任何权势团体、任何特权阶层的利益，没有任何自己特殊的利益，正因如此，才能永远得到人民的支持，才能永久立于不败之地。

# 第一章　如何始终不忘初心、牢记使命

为中国人民谋幸福、为中华民族谋复兴是中国共产党的初心使命。初心使命是党的性质宗旨、理想信念、奋斗目标的集中体现，是中国共产党人百年奋斗的不变主题，是我们党在各种严峻考验中坚如磐石的根本所在。新时代新征程，始终不忘初心、牢记使命，能够确保我们在风险挑战乃至惊涛骇浪中始终保持斗争精神，在实现中华民族伟大复兴进程中始终赢得历史主动。不忘初心方能行稳致远，牢记使命才能开辟未来，把"如何不忘初心、牢记使命"这一独有难题摆在首位，彰显出中国共产党人的高度清醒与自觉。

## 一、对初心和使命问题必须时刻保持清醒和坚定

习近平总书记在纪念红军长征胜利 80 周年大会上饱含深情地讲述了 1934 年 3 名女红军借宿徐解秀老人家中，临走时把自己仅有的一床被子剪下一半给老人的感人故事。这"半条被子"一半留下的是初心，一半扛起的是使命。历史和实践证明，正是广大党员干部始终坚守初心使命才能赢得人民的拥护，推进党和国家事业的进步；反之，忘记初心和使命，党和国家的事业就会受到重创。党的十八大以来，反腐败斗争取得了压倒性胜利，不少党员干部银铛入狱，在他们的忏悔录中，不难发现忘记初心使命、脱离群众是腐败之源。对此，习近平总书记反复告诫全党同志要"不忘初心、牢记使命"，在迈上全面建设社会主义现代化国家新征程的关键时刻，中国共产党人绝不能有丝毫骄傲自满，越是取得成绩的时候，越是要有如履薄冰的谨慎，越是要有居安思危的忧患，越是要做到"不忘初心、牢记使命"。

### （一）初心和使命问题从何而来

党的初心和使命来自于党的性质与党的百年实践探索的深沉积淀，能不能始终保持初心使命，既是时代之问，也是价值之问。破解这一难题，首要的是回归党的本质性质探查党的初心使命，明确未来方向，牢牢坚持党的全面领导，牢牢坚持人民至上，始终践行初心使命，团结带领全国各族人民绘就人类发展史上更加壮美的画卷。

#### 1. 无产阶级政党性质所决定的

中国共产党作为马克思主义执政党，首先具备无产阶级政党的

本质属性，即政党自身没有任何私利可求，政党的存在、生命以及价值是为绝大多人谋利益，"他们不提出任何特殊的原则，用以塑造无产阶级的运动"①。这就为中国共产党进行自我革命奠定了前提性基础，即可能性和必然性。只有当一个政党不以维系自身的利益为目的时，才敢于并且能够对自身进行适时革新。在《哥达纲领批判》中，马克思坦言："在资本主义社会和共产主义社会之间，有一个从前者变为后者的革命转变时期。同这个时期相适应的也有一个政治上的过渡时期，这个时期的国家只能是无产阶级的革命专政。"② 这就预示着马克思主义政党必须是坚强的政党、是具备强大的抵御能力的政党。中国共产党自诞生之日起，就明确了自己的阶级属性、政治属性以及奋斗目标。中国共产党不仅把人民群众作为执政的根基，而且把始终为人民群众服务，毫无政党私利可求作为一条价值信念。这是马克思主义执政党的本质要求，也是中国共产党立党、执政的内在规定。

　　一方面，人民地位决定了初心使命的来源。这主要是因为人首先是自然存在物。马克思一贯反对把人看成纯粹的"自然人"，反对把人的自然属性说成是人的唯一的或根本的属性，反对单纯地用生物学的规律、自然法则来解释人的行为和社会现象。马克思说："'特殊的人格'的本质不是人的胡子、血液、抽象的肉体的本质，而是人的社会特质。"③ 但无论如何强调人的自然属性的第二性，人的生命作为人的自然属性最核心的表现，必然是讨论人、人性的初始点。在《德意志意识形态》这部关于唯物史观论述较为成熟的马克思主义著作中，马克思、恩格斯继续重申了这一观点："全

① 《马克思恩格斯文集》第 2 卷，人民出版社 2009 年版，第 44 页。
② 《马克思恩格斯文集》第 3 卷，人民出版社 2009 年版，第 445 页。
③ 《马克思恩格斯选集》第 1 卷，人民出版社 2012 年版，第 146 页。

部人类历史的第一个前提无疑是有生命的个人的存在。"在《资本论》中他指出劳动生产率是同自然条件相联系的，而"这些自然条件都可以归结为人本身的自然（如人种等等）和人的周围的自然"①，劳动过程就是"人自身作为一种自然力与自然物质相对立"②。因此，无论是从人的本质属性的角度去看，还是从历史创造者的角度去看，人的主观能动性之所以能够发挥，并且成为世界的真正主宰者，正是因为有生命体征的维系，正是因为人是有生命的个体，当生命结束时，一切历史活动、一切创造活动也就结束了。此外，从人自身的生存需要看，人的第一需要就是维持生命活动的吃喝住穿等物质需要，人对生命的渴求，也是促进人不断进行创造性活动的原始动力。因此，无论何种社会制度，若没有把人的生命放在第一位置，不仅是违背人性的，而且在这种制度下的任何承诺也只不过是为"利益至上""资本至上""权力至上"等盖上了一层遮羞布。

另一方面人民利益决定了初心使命的方向。人是有意识的存在物。马克思指出："在任何情况下，个人总是'从自己出发的'，但由于从他们彼此不需要发生任何联系这个意义上来说他们不是唯一的，由于他们的需要即他们的本性，以及他们求得满足的条件，把他们联系起来（两性关系、交换、分工），所以他们必然要发生相互联系。"③ 这里马克思主义把人的需要看成人的本性。它强调了需要在人性中的基础地位，说明它是人的存在的内在的规定性。并且它还强调了需要在人的活动中的重大作用。在某种意义上，需要也可以作为人与动物之间以及人与人之间相互区别的一种标志。

---

① 《马克思恩格斯选集》第2卷，人民出版社2012年版，第239页。
② 《马克思恩格斯选集》第2卷，人民出版社2012年版，第169页。
③ 《马克思恩格斯全集》第3卷，人民出版社1960年版，第514页。

马克思说："假如我们想知道什么东西对狗有用，我们就必须探究狗的本性。"① 需要是一种直接的物理身体的需要，另一种则是在实践中被培育出来，也是有意识的需要，因此，动物只有出于那个种群的、类的需要，除此之外，别无他求，而人却不同，人的需要是多样的、社会性的，乃至是具有历史性的。因此，人作为生命物体的最高存在形式，以其需要的特征和特有的满足方式，与动物区别开来。马克思主义执政党的权力来自于人民，自然也应当是利用党的执政权去为人民谋福利、谋利益、谋发展。同时，为人民谋利益也有一个限度的问题。当前在各国执政党中获得人民的支持，尤其是获得最多数选票，越来越成为多党制下的重要执政议题。因此，能够在多大程度上实现多大规模人民群体的利益，也是评判一个政党是否真正能够做到权为民所用、利为民所谋，还是只是换了一种表述，本质依然是为少数利益集团、利益阶层服务。在当代中国，剥削阶级已经被彻底消灭，人民是国家的主人，切实做到了人民权力至上。此外，权力监督、把权力关进制度的笼子里，越来越成为中国共产党人在制度设计安排、完善发展以及执行过程中的重要问题。因此，新时代条件下，党的初心使命也越来越体现在人民权益的谋取与保护。习近平总书记经常强调，党员领导干部绝不能以人民赋予的权力作为个人谋私利的工具，用好人民赋予的权力，自觉让人民监督权力。

在中国共产党治国理政的 70 余年时间里，在中国共产党人带领全国各族人民进行的一切实践活动中，都始终贯穿着一个至高的价值标准，那就是能否为人民群众带来利益，能否满足人民群众现实的、多样化的需要。坚持人民利益至上，是由党的性质和国家性

---

① 马克思：《资本论》第 1 卷，人民出版社 1975 年版，第 669 页。

质所决定，又由党所进行的顶层设计与基层实践去贯彻、执行与落实。《中国共产党章程》明确规定："党除了工人阶级和最广大人民群众的利益，没有自己特殊的利益。党在任何时候都把群众利益放在第一位，同群众同甘共苦，保持最密切的联系，坚持权为民所用、情为民所系、利为民所谋，不允许任何党员脱离群众，凌驾于群众之上。"① 尤其是在实行改革开放的伟大决策之后，在中国特色社会主义道路实践探索中，所有的制度设计与安排，以及新时代对这一制度体系的完善和发展，生产力发展与人民需要之间的矛盾始终成为党和国家一切方针政策的核心参考与目标指导。党的十八大以来，习近平总书记多次强调"人民利益至上"②，并通过一系列对党员干部的重要讲话不断传达这一价值思想，告诫中国共产党人要时刻不能忘记人民的利益是第一位的，我们党所做的一切工作都要始终围绕着人民群众对美好生活向往的需要。这是在基本物质需要和精神需要都得到一定满足的基础上，对生活的更高层次的需要，是对生活的质量有了更高层次的要求。因此，我们党不仅要致力于进一步解放与发展生产力，更要加强生产结构的转型升级，在制度完善上一方面要对能够实现发展成果更多上作出努力，另一方面要让发展成果，尤其是那些能够满足最大多数人的成果，在分配中得以实现更加的公平与平等。

## 2. 党的百年奋斗历程所遵循的价值旨归

我们党的百年奋斗史就是一部为人民谋幸福的历史，一部践行党的初心使命的历史，一部党与人民心连心、同呼吸、共命运的历史。习近平总书记 2021 年 7 月 1 日在庆祝中国共产党成立 100 周年大会上强调指出：中国共产党一经诞生，就把为中国人民谋幸

---

① 《中国共产党章程》，人民出版社 2022 年版，第 21 页。
② 《习近平谈治国理政》第一卷，外文出版社 2018 年版，第 150 页。

福、为中华民族谋复兴确立为自己的初心使命。一百年来，中国共产党团结带领中国人民进行的一切奋斗、一切牺牲、一切创造，归结起来就是一个主题：实现中华民族伟大复兴。

一是党员队伍的纯洁化。党的根本宗旨是全心全意为人民服务，党没有自己的特殊利益，各项工作都是围绕人民的利益来谋划的。然而，各项工作最终能否被落实好、人民群众的利益能否实现，关键在于干部队伍。党只有拥有一支纯洁的党员队伍，才能确保在落实工作的过程中摒除个人私心杂念，践行好党的宗旨、落实好党的政策。因此，党员队伍的纯洁性直接影响着党内治理现代化的实现。党的自我革命是刀刃向内的治理活动，党的十八大以来通过整治作风、从严治党，及时纠治了党员队伍中出现的不良倾向，清除了害群之马，并以此在党员队伍中起到了警示教育作用，保障了党员队伍的纯洁性，实现了党员质量和数量的同步发展。

进入新时代以来，我国的经济社会发展水平得到了进一步提高，与之相伴随的是群众的权益意识也有了进一步增长，对党和国家的诉求越来越多，要求也越来越高。在这种情况下，我们党就要适应时代发展变化，更好地回应群众诉求、维护群众利益，实现巩固群众基础的现代化，打牢党的执政基础。人民立场是中国共产党的根本政治立场，是中国共产党作为马克思主义执政党进行自我革命的题中应有之义。党自我革命的最终价值指向是人民群众，体现了党的自我革命的人民至上性。"人民至上"是中国共产党作为马克思主义执政党的最高政治哲学，体现了中国共产党的宗旨原则，体现了科学社会主义的基本立场以及马克思主义的理论品格。当前，党进行自我革命，必须严查围绕在群众身边的"微腐败"，绝不能以其恶小而忽视之，不能因其微小而轻视之。因为这些"蚁贪""蝇贪"，一步一步腐蚀着整个政党的执政根基。"要持续整治群众身边腐败和作风问题，让群众在反腐'拍蝇'中增强获得感。"①新时代党的自我革命必须紧紧扭住保持党同人民群众血肉联系这个关键，站稳立场关，坚持人民至上，持续整治发生在群众身边腐败和作风问题，让群众在反腐"拍蝇"中增强获得感，以从严治党新成效赢得群众信赖和支持，不断夯实党长期执政的政治根基。

党的十八大以来，针对腐败问题，我们党通过开展自我革命，加大了对权力的监督和制约力度，使权力能够真正用来造福于民，防止出现权力滥用、权力寻租，从而保护人民的利益免受侵害。同时，对于群众反映强烈的重点领域、重点问题和重点人群，我们党毫不犹豫地开展调查和处理，坚持"打虎""拍蝇""猎狐"，以此来回应人民群众诉求，赢得了人民群众的支持，实现了巩固群众基础的现代化。

## （二）初心和使命问题的内涵要义

"不忘初心、牢记使命"是习近平总书记在新时代提出和阐发的。2015年7月1日，习近平总书记在给国测一大队老队员老党员的回信中首次提出"不忘初心，方得始终"，指出：不忘初心，方得始终。全国广大共产党员要始终在党爱党、在党为党，心系人民、情系人民，忠诚一辈子，奉献一辈子，以自己的实际行动，团结带领亿万人民为实现"两个一百年"奋斗目标、实现中华民族伟大复兴的中国梦而共同奋斗。2016年7月1日，习近平总书记在庆祝中国共产党成立95周年大会上指出："一切向前走，都不能忘记走过的路；走得再远、走到再光辉的未来，也不能忘记走过的

---

① 《中国共产党第十九届中央纪律检查委员会第五次全体会议公报》，《人民日报》2021年1月25日。

过去，不能忘记为什么出发。面向未来，面对挑战，全党同志一定要不忘初心、继续前进。"① 并强调指出："'路漫漫其修远兮，吾将上下而求索。'全党同志一定要不忘初心、继续前进，永远保持谦虚、谨慎、不骄、不躁的作风，永远保持艰苦奋斗的作风，勇于变革、勇于创新，永不僵化、永不停滞，继续在这场历史性考试中经受考验，努力向历史、向人民交出新的更加优异的答卷！"② 2017 年 10 月 18 日党的十九大上，"不忘初心、牢记使命"上升为大会的主题，习近平总书记深刻指出："中国共产党人的初心和使命，就是为中国人民谋幸福，为中华民族谋复兴。这个初心和使命是激励中国共产党人不断前进的根本动力。全党同志一定要永远与人民同呼吸、共命运、心连心，永远把人民对美好生活的向往作为奋斗目标，以永不懈怠的精神状态和一往无前的奋斗姿态，继续朝着实现中华民族伟大复兴的宏伟目标奋勇前进。"③ 从 2019 年 6 月开始，"不忘初心、牢记使命"主题教育活动在全党自上而下分两批开展，以推动全党更加自觉地为实现新时代党的历史使命不懈奋斗。2019 年 5 月 31 日，习近平总书记在"不忘初心、牢记使命"主题教育工作会议上指出："今年是中华人民共和国成立 70 周年，也是我们党在全国执政第 70 个年头，在这个时刻开展这次主题教育，正当其时。"④ 习近平总书记强调："在这个重要时间节点开展'不忘初心、牢记使命'主题教育，其特别意义在于，无论我们走得多远，都不能忘记来时的路。前几天，我去了江西于都，参观中

---

① 《习近平谈治国理政》第一卷，外文出版社 2018 年版，第 39 页。
② 习近平：《在庆祝中国共产党成立 95 周年大会上的讲话》，人民出版社 2016 年版，第 28 页。
③ 《习近平谈治国理政》第三卷，外文出版社 2020 年版，第 1—2 页。
④ 习近平：《在"不忘初心、牢记使命"主题教育工作会议上的讲话》，人民出版社 2019 年版，第 1 页。

央红军长征出发地，目的是缅怀当年党中央和中央红军在苏区浴血奋战的峥嵘岁月，牢记红色政权是从哪里来的、新中国是怎么建立起来的，不忘历史、不忘初心。"① 党的二十大报告开篇就强调："全党同志务必不忘初心、牢记使命，务必谦虚谨慎、艰苦奋斗，务必敢于斗争、善于斗争，坚定历史自信，增强历史主动，谱写新时代中国特色社会主义更加绚丽的华章。"② "务必不忘初心、牢记使命"就是要牢记中国共产党是什么、要干什么这个根本问题。综上可以看出，党的初心使命的内涵要义既包括党的初心使命是什么，即党是什么样子的党的问题；还包括党的初心使命为什么，即党要干什么、怎么干的问题。中国共产党是为广大人民谋幸福的党，从成立开始，就把为人民服务写在了党的旗帜上。革命、建设、改革一路走来，已经 100 多年了，我们党依靠人民战胜了多少艰难险阻，创造了多少奇迹，取得了多少丰功伟绩，极为不易。新时代新征程，我们要始终牢记党的初心和使命，继续努力，继续前进。

## （三）时刻保持对初心和使命问题清醒和坚定的内在逻辑

一个政党最难的就是历经沧桑而初心不改、饱经风霜而斗志更坚。我们党作为世界上最大的马克思主义执政党，要始终赢得人民拥护、巩固长期执政地位，必须时刻保持对初心和使命问题的清醒和坚定。其内在逻辑一方面在于要始终赢得人民拥护，另一方面在于要始终巩固长期执政地位。

---

① 习近平：《在"不忘初心、牢记使命"主题教育工作会议上的讲话》，人民出版社 2019 年版，第 5 页。

② 习近平：《高举中国特色社会主义伟大旗帜　为全面建设社会主义现代化国家而团结奋斗——在中国共产党第二十次全国代表大会上的报告》，人民出版社 2022 年版，第 1—2 页。

要始终赢得人民拥护决定了党要始终清醒和坚定地走群众路线、锤炼干部素质。人民立场是中国共产党的根本政治立场，群众路线是党的生命线和根本工作路线，"从群众中来，到群众中去"是党的群众路线的领导方法和工作方法。正如列宁所说："一个国家的力量在于群众的觉悟。只有当群众知道一切，能判断一切，并自觉地从事一切的时候，国家才有力量。"党的根本宗旨是全心全意为人民服务，党没有自己的特殊利益，各项工作都是围绕人民的利益来谋划的。2020年5月22日，习近平总书记参加十三届全国人大三次会议内蒙古代表团审议时强调："我们党要做到长期执政，就必须永远保持同人民群众的血肉联系，始终同人民群众想在一起、干在一起、风雨同舟、同甘共苦。"① 党的十八大以来，我们一以贯之全面从严治党，坚定不移反对和惩治腐败，坚持不懈纠治"四风"，进行党的群众路线教育实践活动、"不忘初心、牢记使命"主题教育、学习贯彻习近平新时代中国特色社会主义思想主题教育，就是要教育引导广大党员、干部始终同人民群众同呼吸、共命运、心连心。然而，各项工作最终能否被落实好、人民群众的利益能否实现，关键在于干部队伍。党只有拥有一支纯洁的党员队伍，才能确保在落实工作的过程中摒除个人私心杂念，践行好党的宗旨、落实好党的政策。因此，党员队伍的纯洁性直接影响着党内治理现代化的实现。党的自我革命是刀刃向内的治理活动，党的十八大以来通过整治作风、从严治党，及时纠治了党员队伍中出现的不良倾向，清除了害群之马，并以此在党员队伍中起到了警示教育作用，保障了党员队伍的纯洁性，实现了党员质量和数量的同步发展，为始终保持党的初心使命奠定了组织基础。

---

① 《习近平谈治国理政》第四卷，外文出版社2022年版，第56页。

要始终巩固长期执政地位决定了党要始终清醒和坚定地提升执政能力与素质。政党能力是具体的，不是抽象的，是与国家社会发展以及时代要求相契合的政党自身建设的内在要求。一个没有能力的政党，或者是只有一种能力的政党，在面对复杂多样的社会发展时，是不可能完成使命任务的。同时，政党能力是作为一个复合型概念而存在的，在思想上表现为思想引领力；在政治上表现为执政能力；在组织上表现为组织领导力；在实践活动上表现为组织动员力、执行力；在社会活动上表现为社会号召力等。对于建设长期执政的马克思主义政党而言，政党治理现代化既要实现政党领导力、引领力、执政力等多重能力的提升，更要实现政党生命力和战斗力的不断提升，前一个目标的实现依托后一个目标的实现与巩固延展。苏联共产党曾是世界上最强大的马克思主义政党，却在拥有近2000万名党员时解体覆亡。对此，习近平总书记指出："苏联是世界上第一个社会主义国家，取得过辉煌成就，但后来失败了、解体了，其中一个重要原因是苏联共产党脱离了人民，成为一个只维护自身利益的特权官僚集团。"① 苏联共产党的"亡党亡政"、印度国大党的分裂、墨西哥革命制度党执政权的丧失等，这些大党老党失败的共同原因无不是在长期执政中，思想变质、斗志变弱、迷失自我，失去领导国家和人民的先进性，从根本上说就是忘记了初心使命。中国共产党必须要从世界政党沉浮、大党兴衰成败的历史经验教训中汲取智慧，以坚定的理想信念坚守初心和使命，永葆党的执政地位，归纳分析影响政党能力提升因素的产生规律，根据各个阶段与环节的特征具体施治、科学预判、综合把控，使政党治理系统有序、高效协同、效能彰显，以确保党永不变质，以党永不变质确

① 《习近平谈治国理政》第四卷，外文出版社 2022 年版，第 171 页。

保红色江山永不变色。

## 二、"始终不忘初心、牢记使命"是中国共产党 必须解决的独有难题

习近平总书记指出："越是长期执政，越不能忘记党的初心使命，越不能丧失自我革命精神。"① 自我革命是新时代中国共产党人找到的跳出治乱兴衰历史周期率的第二个答案，"始终不忘初心、牢记使命"是推进自我革命永远在路上的精神支撑，更是中国共产党必须解决的独有难题。

### （一）"始终不忘初心、牢记使命"独有难题"独"在何处

第一，中国共产党责任重大、任务艰巨。实现中华民族伟大复兴是近代以来中华民族最伟大的梦想。中国共产党自诞生之日起，就自觉肩负起重大责任，并且任务艰巨，从筚路蓝缕奠基立业，到创造了惊天地、泣鬼神的辉煌业绩，中华民族的面貌为之焕然一新，中国共产党所肩负的责任使命在党的领导下逐步化为群众切实利益、国家切实发展。新中国成立以来，尤其是改革开放以来，我国经济社会发生了历史性变革，取得了一系列历史性成就，不仅成为世界第二大经济体，而且全面建成小康社会。面对刚刚启程的第二个百年奋斗目标，如何适应变化了的实际情况，如何应对当下经济社会领域的变革所带来的阶段性挑战，是其基本任务。习近平总书记对此明确指出："新常态下，我国经济发展的主要特点是：增长速度要从高速转向中高速，发展方式要从规模速度型转向质量效

---

① 《习近平谈治国理政》第三卷，外文出版社 2020 年版，第 529 页。

率型，经济结构调整要从增量扩能为主转向调整存量、做优增量并举，发展动力要从主要依靠资源和低成本劳动力等要素投入转向创新驱动。这些变化，是我国经济向形态更高级、分工更优化、结构更合理的阶段演进的必经过程。实现这样广泛而深刻的变化并不容易，对我们是一个新的巨大挑战。"① 这一重要论述既充分地阐释了当前和今后很长一段历史时期，中国全面建设社会主义现代化国家的具体目标与具体任务，也明确了以什么样的形式、什么样的步骤、什么样的要求实现第二个百年奋斗目标。其一，虽然我国已经取得巨大历史性成就，但我国依然处于社会主义初级阶段，经济发展的质量效益还没有充分展现和释放。发展必须是质量和数量的双项达标。作为目前世界上最大的发展中国家，在未来实现全面建设社会主义国家的征程中，不仅要逐步缩小与发达国家在发展数量指标上的距离，还应当不断提升经济质量以及与之匹配的治理能力、创新能力、科技水平、生态保护、人的发展等多项质量指标。根据各国经济发展规律，我们可以发现，在经济发展处于初级阶段时，经济的速度以及经济发展所能带来的商品数量，是衡量一个国家或地区经济发展水平的重要参考标准，其发展方式也主要是依靠劳动力、物质资源等生产资料的投入而获得发展。但当经济发展达到一定阶段后，则往往会不满足于数量上的极大增强，而更注重通过智力投入、科学技术创新等提高生产效率、提升产品质量，以此获得更大的发展效益。而我国发展的事实，亦是如此。其二，高质量发展是一项综合性评判概念，既要管当前，又要管长远。高质量发展既能够实现经济速度的增长，不断缩小城乡和区域之间的收入差距，还能够为持续不断的发展提供源源不断的坚实基础，实现物

---

① 《习近平关于社会主义经济建设论述摘编》，中央文献出版社 2017 年版，第 96 页。

质、精神、生态、人自身等的全面化发展。高质量发展是要以人的自由全面发展为最终价值目标，因此，围绕人的需要而开展的一系列发展必须回归到能够不分区域、不分民族、不分阶层的人的自由全面发展之上，这就要求其不仅要遵循生产力与生产关系的规律，更要遵循人类历史发展规律，是更高层次、更高质效、更高要求的发展。同时，高质量发展还讲求稳定性，与高速度发展不同的是，稳定性能够带来持续性，能够有效避免发展过程中的波动，增强规避风险的能力与韧劲，能够为全面建成社会主义现代化强国提供坚实的动力支撑。

第二，中国共产党体量巨大、无与伦比。目前，中国共产党是世界上最大的马克思主义执政党。中国共产党从一个成立时仅有50多名党员的政党，发展为拥有9800多万名党员的世界最大政党；连续执政70多年，不但带领一个积贫积弱的中国迎来了从站起来、富起来到强起来的伟大飞跃，政党自身也在世界范围内影响力不断提升。1939年，毛泽东写《〈共产党人〉发刊词》时指出："我们党已经走出了狭隘的圈子，变成了全国性的大党。"习近平总书记在十九届中央政治局常委同中外记者见面时说："中国共产党是世界上最大的政党。大就要有大的样子。"① 为了救亡图存，救人民于危难之中，中国共产党成立后立即投入到为人民服务的斗争中去。历经北伐战争、土地革命战争、抗日战争、解放战争，党和人民经过28年浴血奋战，打败了日本帝国主义侵略，推翻国民党反动统治，建立了中华人民共和国。新中国的成立，使人民成为国家、社会和自己命运的主人，实现了中国从几千年封建专制制度向人民民主制度的伟大跨越，实现了中国高度统一和各民族的空前

---

① 《习近平谈治国理政》第三卷，外文出版社2020年版，第436页。

团结，彻底结束了旧中国半殖民地半封建社会的历史，彻底结束了旧中国一盘散沙的局面，彻底废除了列强强加给中国的不平等条约和帝国主义在中国的一切特权。中国人从此站立起来了，中华民族伟大复兴从此开启了新的历史纪元。现在，我们党成立 100 多年了，新中国成立 70 多年了。到 21 世纪中叶，我们党的历史将接近 130 年，新中国的历史将达到 100 年。与此同时，体量上的大决定了党面临的风险与任务之大，大党还必须大在质量上，这对新时代党的建设新的伟大工程提出了重要要求，既要维持党的体量，又要保证党的质量。

第三，中国共产党一党长期执政。中国共产党作为百年大党，已经在世界上最大的发展中国家执政 70 多年，并且要长期执政下去。这与马克思主义政党的本质属性是密切相关的，即无产阶级政党要实现的终极目标是全人类的解放与人类的自由全面发展，这一目标不达到，无产阶级政党的执政目标就不会停步。但始终不忘初心、牢记使命，其独特之处就在于在一党执政的国家里能不能始终不忘来时的路，始终向着既定的方向目标前进。2012 年 11 月，刚刚在党的十八届一中全会上当选为中共中央总书记的习近平同志，在与中外记者见面时庄严宣告，"我们的责任，就是同全党同志一道，坚持党要管党、从严治党，切实解决自身存在的突出问题"①。因此，习近平总书记警醒全党："这么大一个党，处在执政地位、掌控执政资源，很容易在执政业绩光环的照耀下，出现忽略自身不足、忽视自身问题的现象，陷入'革别人命容易，革自己命难'的境地。"② 我们党历史这么长、规模这么大、执政这么久，如何跳出治乱兴衰的历史周期率？针对这一历史之问、时代之问、人民

---

① 《习近平谈治国理政》第一卷，外文出版社 2018 年版，第 4 页。
② 《十八大以来重要文献选编》（下），中央文献出版社 2018 年版，第 591 页。

之问，我们找到了跳出历史周期率的"第二个答案"。自我革命是我们党最鲜明的品格，也是我们党最大的优势。中国共产党的伟大不在于不犯错误，而在于从不讳疾忌医，敢于直面问题，勇于自我革命，具有极强的自我修复能力。正如马克思曾经指出的，"无产阶级革命与其他革命的不同之处就在于，它自己批评自己，并靠批评自己壮大起来"。列宁也曾经指出，无产阶级政党"不怕承认自己的错误，不怕三番五次地作出努力来改正错误，这样，我们就会登上山顶"。中国共产党是按照马克思主义建党学说建立的无产阶级政党，能够把对客观世界的改造同对主观世界的改造结合起来，具有自我革命的深厚基因。毛泽东同志讲："有无认真的自我批评，也是我们和其他政党互相区别的显著的标志之一。"勇于自我革命是中国共产党区别于其他政党的显著标志，是马克思主义政党增强机体免疫力、跳出治乱兴衰历史周期率的基本禀赋。习近平总书记指出："我们党历史这么长、规模这么大、执政这么久，如何跳出治乱兴衰的历史周期率？毛泽东同志在延安的窑洞里给出了第一个答案，这就是'只有让人民来监督政府，政府才不敢松懈'。经过百年奋斗特别是党的十八大以来新的实践，我们党又给出了第二个答案，这就是自我革命。"① 2022 年 10 月 16 日，习近平总书记在党的二十大报告中指出："经过不懈努力，党找到了自我革命这一跳出治乱兴衰历史周期率的第二个答案"，"确保党永远不变质、不变色、不变味"。② 勇于自我革命是我们党的鲜明特征和独特优势，这既是马克思主义政党属性的必然要求，也是我们党

---

① 《习近平谈治国理政》第四卷，外文出版社 2022 年版，第 541 页。
② 习近平：《高举中国特色社会主义伟大旗帜　为全面建设社会主义现代化国家而团结奋斗——在中国共产党第二十次全国代表大会上的报告》，人民出版社 2022 年版，第 14 页。

百余年奋斗历程的经验结晶、是我们党始终不忘初心，牢记使命的独特之处，同时也是我们党新时代永葆先进性、纯洁性的根本路径。

勇于自我革命和接受人民监督是内在一致的，都源于党的初心使命。习近平总书记指出，江山就是人民，人民就是江山，我们党始终代表最广大人民根本利益，没有任何自己特殊的利益，坚守人民立场和坚持共产主义、社会主义崇高理想，使我们党能够摆脱一切利益集团、权势团体、特权阶层的"围猎"腐蚀，以彻底的自我革命精神，坚决同一切损害党的先进性和纯洁性的因素作斗争，永葆党的生机活力，才能赢得群众的信赖和支持，不断夯实党长期执政的政治根基。勇于自我革命和接受人民监督是相向而行、贯穿党的百年奋斗历程。人民监督是外在动力，只有自觉接受人民监督，才能有助于党发现问题、解决问题，不断推进自我革命；自我革命是内在要求，只有剑指那些群众反映最强烈、意见最突出的问题进行自我革命，让人民感受到党壮士断腕、刮骨疗毒的革命意志，始终保持同人民群众的血肉联系，做最广大人民群众根本利益的代表者、捍卫者和实现者，才能始终赢得人民的拥护和支持。一百多年来，党外靠发展人民民主、接受人民监督，内靠全面从严治党、推进自我革命，勇于坚持真理、修正错误，勇于刀刃向内、刮骨疗毒，保证了党长盛不衰、不断发展壮大。

### （二）"始终不忘初心、牢记使命"独有难题"难"在哪里

1. 难就难在"始终"。初心易得，始终难守。中国共产党诞生于国家内外交困、民族危难之际，一出生就注定要进行艰难的斗争，而在艰难困苦中能够取得举世瞩目的斐然成就，其根本原因就是始终坚守了为中国人民谋幸福、为中华民族谋复兴的初心和使

命。新时代新征程，面临着新的考验和挑战，对于长期执政的大党而言，保持跳出历史周期率的政治自觉和强大的政治定力是抵御各种风险挑战的关键。对此，必须要立足"始终"，不断以自我革命的精神，审视初心，叩问使命，永远以进行时的态度，刀刃向内，同一切影响党的先进性、弱化党的纯洁性的问题作斗争，才能在任何情况下都能保持住初心、坚守住使命。1940 年毛泽东在庆祝吴玉章六十寿辰时曾说："一个人做点好事并不难，难的是一辈子做好事，不做坏事，一贯地有益于广大群众，一贯地有益于青年，一贯地有益于革命，艰苦奋斗几十年如一日，这才是最难最难的！我们的吴玉章同志就是这样一个几十年如一日的人！"昨天的成功并不代表着今后能够永远成功，过去的辉煌并不意味着未来可以永远辉煌。时代是出卷人，我们是答卷人，人民是阅卷人。初心易得坚守难，许多党员走着走着就变了，变了初心，忘了誓言，这是每一名党员干部面临和亟待解决的现实问题。

2. 难就难在"不忘"。初心永恒，使命光荣。习近平总书记在多次重要讲话中，都谆谆告诫党员干部"不要忘记""要牢记"。习近平总书记讲道：人民是创造历史的动力，我们共产党人任何时候都不要忘记这个历史唯物主义最基本的道理。"我们要向周恩来同志学习，不要忘记我们是共产党人，不要忘记我们是革命者，任何时候都不要丧失理想信念。"① "年轻干部要牢记，坚定理想信念是终身课题，需要常修常炼，要信一辈子、守一辈子，三心二意、半途而废甚至背叛初衷肯定会出大问题。"② 等等。2021 年 9 月 1 日，习近平总书记在 2021 年秋季学期中央党校（国家行政学院）

---

① 习近平：《在纪念周恩来同志诞辰 120 周年座谈会上的讲话》，人民出版社 2018 年版，第 10 页。
② 《习近平谈治国理政》第四卷，外文出版社 2022 年版，第 524 页。

中青年干部培训班开班式上的讲话中强调："严守规矩、不逾底线。这个问题，我是'婆婆嘴'反复讲，今天还是要敲敲木鱼、念念紧箍咒。"① 其实，习近平总书记在关于如何始终不忘初心、牢记使命方面都是反复讲，反复提，目的就是在于告诫全体党员干部不要忘记、要始终牢记。党的十八大以来，中国特色社会主义进入新时代，以习近平同志为核心的党中央攻克了过去长期没有解决的难题，办成了许多事关长远的大事要事，但党内仍然存在着政治不纯、思想不纯、组织不纯、作风不纯等问题，"四大考验""四种危险"的挑战依然严峻。因此，习近平总书记在党的二十大开幕会上开宗明义地指出"三个务必"，其中"务必不忘初心、牢记使命"，要作为加强党的建设的永恒课题和全体党员、干部的终身课题常抓不懈，始终摆在解决大党独有难题的首位，确保初心永远在全体党员心中。

3. 难就难在"牢记"。初心就是力量，使命就是方向。走得再远、创造了再多的辉煌，也不能忘记为什么出发，中国共产党人始终要把使命铭记于心。历史和现实都告诉我们，一场社会革命要取得最终胜利，往往需要一个漫长的历史过程。只有回看走过的路、比较别人的路、远眺前行的路，弄清楚我们从哪儿来、往哪儿去，很多问题才能看得深、把得准。100多年来，无数革命先烈以铮铮铁骨守初心、以血肉之躯担使命，为争取民族独立和人民解放抛洒热血；无数先锋模范以赤子之情守初心、以忘我精神担使命，为实现国家富强和人民幸福呕心沥血、甘于奉献。踏上实现第二个百年奋斗目标新征程，赶考永不停歇，中国共产党人要时刻提醒自己，铭记肩负的使命。无论处于何种困境，遇到多少磨难，也要拿出

---

① 《习近平谈治国理政》第四卷，外文出版社2022年版，第533页。

"咬定青山不放松，立根原在破岩中"的精神与气势，勇敢迎难而上，守住初心，牢记使命。

## 三、破解如何"始终不忘初心、牢记使命"
### 独有难题的实践路径

习近平总书记指出："全党要坚持唯物史观和正确党史观，从党的百年奋斗中看清楚过去我们为什么能够成功、弄明白未来我们怎样才能继续成功，从而更加坚定、更加自觉地践行初心使命，在新时代更好坚持和发展中国特色社会主义。"① 共产党人要始终把"不忘初心、牢记使命"作为必修课，时常省思和守护初心，以解决这一大党独有难题。

### （一）坚持党的全面领导

党的全面领导是破解"不忘初心、牢记使命"难题的主心骨和根本保证。党的十八大以来，党和国家事业取得历史性成就、发生历史性变革，根本在于有以习近平同志为核心的党中央领航掌舵，有习近平新时代中国特色社会主义思想指引航向。"两个确立"符合全党全军全国人民的共同愿望。是否具有坚强的领导核心和科学的理论引领，是事关党和国家前途命运、党和人民事业成败的根本问题。中国共产党是中国特色社会主义事业的领导核心，也是推进国家制度优势转化为国家治理效能的根本保证。根据马克思主义国家学说和政党学说，为了建构起理想的人类社会，总是要形成一个领导权威和领导核心以科学的理论武装群众，把人民群众

---

① 《习近平谈治国理政》第四卷，外文出版社 2022 年版，第 32—33 页。

的力量集聚起来，并以掌握国家政权为基础实现国家的科学治理、社会的不断变革以及人的自由全面发展。在社会主义中国，中国共产党是最高政治领导力量。新时代"两个确立"的正式提出，既为当代中国推进伟大历史变革明确了领导核心和科学指导思想，又为中国共产党成为长期执政的马克思主义政党提供了重要政治保证。

党中央集中统一领导是破解难题的根本保证。党的十八大以来，以习近平同志为核心的党中央，以伟大的历史主动精神、巨大的政治勇气、强烈的责任担当，统筹国内国际两个大局，贯彻党的基本理论、基本路线、基本方略，统揽伟大斗争、伟大工程、伟大事业、伟大梦想，坚持稳中求进工作总基调，出台一系列重大方针政策，推出一系列重大举措，推进一系列重大工作，战胜一系列重大风险挑战，解决了许多长期想解决而没有解决的难题，办成了许多过去想办而没有办成的大事，推动党和国家事业取得历史性成就、发生历史性变革。新时代，在坚持党的全面领导上，党中央权威和集中统一领导得到有力保证，党的领导制度体系不断完善，党的领导方式更加科学，全党思想上更加统一、政治上更加团结、行动上更加一致，党的政治领导力、思想引领力、群众组织力、社会号召力显著增强。实践的变化必然带来思想的更新，虽然并非同步进行。当前，中国特色社会主义主要矛盾已经发生深刻转化，实践变化亟须新的理论予以解释并且用以指导新的伟大实践。新时代有新要求、新挑战、新问题，"两个确立"正是顺应了时代发展潮流，是在遵循中国特色社会主义发展规律、中国共产党建设规律与执政规律的基础上形成和确立的。进入新时代，我们党确立了习近平同志党中央的核心、全党的核心地位，一方面在组织决策上形成了核心集体，另一方面在政党组织中形成了核心人物，这既能够满足当前中国所处的全面深化改革时期亟须领导核心集体和领导核心人物的需要，又能够确保党始终发挥主心骨与核心力量作用，确保全党上下能够团结统一、确保党中央决策部署能够一贯到底，从而为我们党能够及时发现百年大党独有难题以及找到破解之道提供了根本政治力量。

"两个确立"是实现中华民族伟大复兴中国梦的内在要求，是确保党的初心使命始终被牢记的内在力量。进入新时代，顶层设计方面的问题对社会发展、民族复兴、历史进程的影响越来越凸显，形成一个坚强的领导核心，促进党的理论与时俱进，是推动实现"两个一百年"奋斗目标的必然要求。中国正处于世界历史进程中现代化运动不断推进与中华民族伟大复兴中国梦日益逐步实现所交织形成的时空境遇中。洞察和把握中国发展趋势及未来走向是中国共产党作为执政党的历史使命，也是当下面临的时代课题。理论创新与坚强领导核心的问题作为一个重大课题摆在新时代党的建设议程上。在党的初心使命的驱动下，在实现中华民族伟大复兴中国梦的感召下，党的十八大以来，逐步实现了党的理论的创新性发展，形成并确立了习近平同志的领导核心地位。新时代，中国取得的开创性、历史性成就，以及党中央面对突如其来的世纪疫情展现出的魄力与毅力、智慧和勇气，再一次证明了以习近平同志为核心的党中央不仅能够领导中国人民进行在新时代为发展中国特色社会主义进行的接续奋斗，而且有能力领导中国人民实现国家治理现代化和中华民族伟大复兴。

### （二）以新时代党的创新理论涵养初心使命

科学理论是正确行动的先导，理想信念的坚定离不开理论上的坚定。实践充分证明，习近平新时代中国特色社会主义思想是当代中国马克思主义，是中华文化和中国精神的时代精华。这一理论创新是新时代中国共产党人的思想旗帜，是全党全国各族人民为实现中华民族伟大复兴而奋斗的行动指南。理论上清醒才能有政治上清醒，理论上坚定才能有理想信念的坚定。全党要不断深化对习近平新时代中国特色社会主义思想的理解和认识，深刻领悟"两个确立"的决定性意义，坚持用党的创新理论武装头脑、指导实践，始终坚定初心使命。

第一，牢牢坚持以习近平新时代中国特色社会主义思想为指导。"理论在一个国家实现的程度，总是取决于理论满足这个国家的需要的程度。"① 习近平新时代中国特色社会主义思想，是马克思主义中国化时代化的最新理论成果，是实现第一个百年奋斗目标的实践理论总结，也从理论和实践的结合上系统回答了新时代建设什么样的社会主义现代化强国、怎样建设社会主义现代化强国这一重大时代课题。这一重要思想，是全党全国人民为实现中华民族伟大复兴而奋斗的行动指南。新时代新征程，我们必须强化科学理论指引，加强思想理论武装，增强战略定力、保持战略清醒、敢于善于斗争，自觉把习近平新时代中国特色社会主义思想贯彻落实到全面建设社会主义现代化国家战略部署的各方面全过程，确保各项工作得以更高质量、更高效益、更具创造性地实现和完成。

其一，不断推进马克思主义中国化时代化新发展。习近平总书记在党的二十大报告中指出："实践告诉我们，中国共产党为什么能，中国特色社会主义为什么好，归根到底是马克思主义行，是中国化时代化的马克思主义行。拥有马克思主义科学理论指导是我们

---

① 《马克思恩格斯选集》第 1 卷，人民出版社 2012 年版，第 11 页。

党坚定信仰信念、把握历史主动的根本所在。"① 实践没有止境，理论创新也没有止境。唯有继续推进实践基础上的理论创新，才能真正实现与时俱进地指导实践。我们要把握历史和未来、理论和实践、战略和部署、长期和短期之间的关系，以高度的理论自觉和实践自觉，立足当前科学社会主义基本原理在中国大地的具体实践，不断培育不忘初心、牢记使命的新认识、新观点、新理念。

其二，增强科学理论武装，关键在于使新思想新理念新战略入脑入心入实践，要毫不动摇地把习近平新时代中国特色社会主义思想作为开展工作的根本遵循。党的十八大以来，世情、国情、党情都发生了极为深刻的变化，亟须新思想对变化了的社会现实和世界格局作出新阐释，并找到解决时代问题的理论工具。在党员干部教育培训工作中，既要以习近平新时代中国特色社会主义思想为指导进行谋篇布局，又要以这一思想为核心教育内容，切实增强其理论自觉和思想自觉。同时，理论武装还要注重增强党员干部回应国际国内社会不同议题的能力，提升其在社会思想领域主动引导舆论主基调、思想主旋律的责任意识，把党员干部对党忠诚、对党中央忠诚内化于心，并转化为为实现中华民族伟大复兴而奋斗的实际行动。

其三，增强理论武装的前提预设，注重解释理论观照现实中所产生的困惑和矛盾。当前，党员干部必须牢牢坚持党的理论创新成果，对时代发展、社会变迁、群众需要等作出及时回应。当今时代国际国内思想领域，仍存在诋毁马克思主义的思潮。比如，"马克思已经死去，共产主义已经死去，确确实实已经灭亡了，所以它的

---

① 习近平：《高举中国特色社会主义伟大旗帜　为全面建设社会主义现代化国家而团结奋斗——在中国共产党第二十次全国代表大会上的报告》，人民出版社 2022 年版，第 16 页。

希望、它的话语、它的理论以及它的实践，也随之一同灰飞烟灭"①。这些社会思潮已经成为影响党员干部乃至人民群众的思想障碍，必须引起高度重视。马克思主义没有远去，绝非过时，强化干部理论武装，就是要增强其运用马克思主义立场观点方法解决现实问题的能力，使其成为党员干部干事创业的看家本领，为破解始终不忘初心、牢记使命的难题提供源源不断的思想资源。

第二，坚持牢记初心使命，以坚定的理想信念筑牢信仰之基。党的初心使命承载着党的理想信念，是激励共产党人不断进行自我革命的本质规定。2019年6月，习近平总书记在十九届中央政治局第十五次集体学习时的重要讲话中强调，"我们党继承和发展马克思主义建党学说，形成了关于党的自我革命的丰富思想成果"②。其中第一条就是理想信念。用初心使命砥砺全党，用理想信念凝聚全党，是新时代中国共产党进行自我革命的鲜明特征。理想信念是社会群体在共同的生产生活场域中，经历一定的时间磨合与协商，形成的具有凝聚效力的思想精神纽带。一旦全体社会成员对某种理想信念形成固定的认同感，其凝聚力量就能够把整个社会群体调动起来。因此，稳定的牢固的理想信念也是政党进行社会统治与治理的重要手段和方式。但理想信念的凝聚并非易事，其发挥作用的前提是在最大程度上满足最大多数社会成员的利益诉求。

中国共产党人所选择并不断践行的理想信念既具备科学的理论指导，也经过长时期的实践检验，承载着党的初心使命，成为全体中国人民共同的利益诉求与价值追求。同时，作为对资产阶级政党超越性发展的马克思主义执政党，最本质的区别就是对大多数人共

---

① ［法］雅克·德里达：《马克思的幽灵》，何一译，中国人民大学出版社2016年版，第54页。

② 《习近平谈治国理政》第三卷，外文出版社2020年版，第532页。

同利益的关怀、对全人类未来命运的思考,对人的自由全面发展的价值追求,这些价值追求始终熔铸于党的初心使命之中,确保了党的自我革命始终有坚定的理想信念、坚定的信仰追求,使党始终走在时代前列。

## (三) 不断健全完善"不忘初心、牢记使命"制度

制度问题带有根本性、全局性、稳定性和长期性。制度优势是一个政党、一个国家的最大优势。2019 年 10 月,党的十九届四中全会召开,这次会议主题是集中研究坚持和完善中国特色社会主义制度、推进国家治理体系和治理能力现代化的若干重大问题,审议通过了《中共中央关于坚持和完善中国特色社会主义制度、推进国家治理体系和治理能力现代化若干重大问题的决定》,其中就明确提出:"要建立不忘初心、牢记使命的制度",并将其作为坚持和完善党的领导制度体系的第一任务。"根据党的十九届四中全会《决定》关于建立不忘初心、牢记使命的制度的要求,这一制度大体应当包括以下六个方面的内容:关于确保全党遵守党章的内容;关于确保全党恪守党的性质和宗旨的内容;关于确保用共产主义远大理想和中国特色社会主义共同理想凝聚全党、团结人民的内容;关于确保用习近平新时代中国特色社会主义思想武装全党、教育人民、指导工作的内容;关于确保全党全面贯彻党的基本理论、基本路线、基本方略,持续推进党的理论创新、实践创新、制度创新的内容;关于把不忘初心、牢记使命作为加强党的建设的永恒课题和全体党员干部的终身课题、形成长效机制的内容。"要坚持以系统思维、辩证思维建立党内制度,坚守底线,用最切实有效的措施解决问题,确保全党能够遵守党章、恪守党的性质宗旨,促进全党将自我革命推向深入。同时,制度建设要有针对性、可操作性,以便

制度落实落地。有了良好的制度，如果不抓落实，只是写在纸上、挂在墙上，制度就会成为纸老虎。要切实保障全党将守初心、担使命的坚定，转化为自觉的行动力，为实现中华民族伟大复兴的中国梦、实现人民对美好生活的向往不懈奋斗。

其一，要提升制度科学化水平，增强破解难题的韧劲与能力。亨廷顿认为，高水平的制度化是现代化发展的关键，是维护政治秩序的根本途径。① 制度化能够起到规范治理活动的作用，避免治理过程中的主观性、随意性，为行动主体提供稳定的预期，有助于保证稳定的治理秩序。党的十八大以来，我们党进一步强调制度在治国理政中的作用，并由此带动了政党治理的制度化，通过不断修订完善党内法规和制度体系，并着力提高制度的执行力，使党内治理更加规范化，各项工作的开展有了更好的制度遵循，推动了治理现代化的实现。习近平总书记在党的二十大报告中强调指出："坚持制度治党、依规治党，以党章为根本，以民主集中制为核心，完善党内法规制度体系，增强党内法规权威性和执行力，形成坚持真理、修正错误，发现问题、纠正偏差的机制。"② 习近平总书记系统总结了我们党在治理制度化方面的经验，为推动不忘初心、牢记使命的制度指明了效能方向，提供了重要制度支撑。

其二，以自我革命制度规范体系为依托，推动不忘初心、牢记使命的制度落实落地。坚持以党章为根本，完善与自我革命相关的党内法规制度体系建设，形成与党统一领导、全面覆盖、权威高效的党和国家监督体系相向而行的制度规范体系。从本质上看，制度

---

① ［美］亨廷顿：《变化社会中的政治秩序》，三联书店 1989 年版，第 51 页。
② 习近平：《高举中国特色社会主义伟大旗帜　为全面建设社会主义现代化国家而团结奋斗——在中国共产党第二十次全国代表大会上的报告》，人民出版社 2022 年版，第 65—66 页。

的价值引导功能和实践指导功能统一于文本中的制度规范之中，是全党上下共同的行为遵循、行为规约、行为惩戒，是政党治理现代化的显性评价指标，在整个政党治理的过程中发挥着根本性、全局性、稳定性、长期性的作用。经过实践检验与发展，尤其是新时代全面从严治党十年磨一剑的实践探索，自我革命的制度规范体系已经基本确立。此外，制度的生命力在于执行，要增强自我革命制度规范体系的权威性和执行力，形成坚持真理、修正错误，发现问题、纠正偏差的机制。为此，从根本上讲，以自我革命助推党的治理现代化，实质上也是实现自我革命制度化规范化程序化的建设过程，是新时代新征程推动党的建设新的伟大工程的主要任务和重要目标。实现制度化规范化程序化，一是要在政党治理过程中注入程序的规范性、透明性、畅通性等提高党的建设科学化水平的现实要求，把自我革命融入到党的建设全过程、全方面、全方位，形成强大而权威的监督之势、监督合力；另一方面要以程序的规范推动制度的执行，使权力在制度的规范下行使，使自我革命的具体要求、具体部署在制度的保障下得以贯彻执行，提升党的现代化治理能力和执政水平。

其三，强化制度执行，增强对不忘初心、牢记使命的制度的执行与监督。制度的生命力在于执行，制度执行的好坏或是制度执行的彻底与否直接影响到国家治理效能的实现。制度价值优势向国家治理效能转化的过程实际上已成为一个制度执行者乃至全民参与的过程，因此，若要实现治理效能就必须做到以人民至上为价值指引强化制度执行意识和实践，使制度执行者与制度执行的参与者怀有对制度由衷的信任乃至信仰，才能切实把良好的制度转化为优质的国家治理效能。今天，我党作为一个长期执政的马克思主义政党，已经具备了长期执政条件下相对完善的国家治理的制度体系和对不忘初心、牢记使命的制度以及与之匹配的治理能力，但面对当前国内全面深化改革、社会主要矛盾的变化以及世界治理格局的巨大变革等，如何在理论上、思想上进一步夯实和激发制度优势，实现思想连贯、信仰坚定的良好意识形态环境事关国家制度优势的效能转化。实践中，要在价值层面达到意识形态领域的党性和人民性的统一。当前，我们面临把制度优势进一步转化为国家治理效能的现实任务，应充分发挥制度的人民至上性与意识形态的"党性和人民性"相统一的优势，把意识形态功能嵌入到执行与贯彻落实不忘初心、牢记使命制度的各个环节，从而实现把国家意志和人民意志相统一的标准来监督和规范国家治理效能的转化，在最大程度上实现人民群众的利益诉求。此外，还应当让人民监督制度执行，监督公权力运行，需要不断扩大群众参与国家治理的程度和广度。在中国特色社会主义制度下，人民群众参与国家治理是人民群众行使自身权利与义务的重要表现，也是人民群众作为推动历史发展和社会进步的人的本质的理论观照。人民群众参与到公权力对制度的执行的实践过程中，能够及时修正制度执行的误区，避免制度执行的软化，确保作为国家主要治理主体落实政策、执行制度中的客观性、科学性、准确性。中国特色社会主义新时代的到来，在全面深化改革的推动下，人民群众参与国家治理、国家决策的程度越来越高、得到的效果反馈也越来越有质量，如此才能确保"始终不忘""始终践行"党的初心使命。

## （四）坚持以主动担当精神践行初心使命

不忘初心、牢记使命，领导机关和领导干部必须作表率、打头阵。领导干部冲在前、干在先，是我们党走向成功的关键。形势越严峻复杂，越需要领导机关和领导干部保持定力、一往无前，任务越艰巨繁重越需要领导机关和领导干部奋勇当先。面临新的风险考验，要用新的担当作为来检验党员干部不忘初心、牢记使命的意志和决心。"人不率则不从，身不先则不信。"共产党人要树立远大理想，强化理想信念，自觉提高党性觉悟，坚定理想信念，敢于当先锋、作表率，主动担负起实现第二个百年奋斗目标和中华民族伟大复兴中国梦的时代使命。

主动担当精神需要艰苦奋斗、真抓实干。业绩是干出来的，艰苦奋斗是真抓实干出业绩的基本前提。艰苦奋斗精神是中国共产党的政治本色和优良传统，在艰苦奋斗精神的引领下，经过几代中国共产党人的接续奋斗，我们在建党百年之际如期实现了第一个百年奋斗目标，在中华大地上全面建成了小康社会、完成了脱贫攻坚任务；党的十九届六中全会全面系统总结了中国共产党的百年奋斗重大成就和历史经验，党团结带领全国各族人民回望历史、整顿信心、蓄势待发；在新冠疫情常态化防控的背景下顺利举办北京冬奥会更是向全世界展现了百年大党的执政风貌，中国故事正逐渐吸引全世界的目光。在国力日渐强盛的态势下，一些党员干部特别是年轻干部由于没有亲身经历过"爬雪山""过草地"般艰苦的革命环境和生活条件，容易受到享乐主义的影响，逐步丧失理想信念和奋斗精神。领导干部必须谨记，中华民族伟大复兴，绝不是轻轻松松、敲锣打鼓就能实现的。作为中国特色社会主义事业的接班人，领导干部和时代新人决不能满足和停留于现状，真干、实干才能创造新征程的真业绩。艰苦奋斗是中国共产党一直以来克敌制胜、不断走向胜利的重要法宝。领导干部要在新征程中创造业绩，就要涵养"无我"境界，始终把人民的利益放在首位，戒骄戒躁、无私无畏；就要发扬艰苦奋斗精神，始终保持艰苦奋斗的前进姿态，在锐意进取中务实功、出实招、求实效。

主动担当精神还需要保证能力素质过硬，胜任复杂形势复杂任务。当今世界正经历百年未有之大变局，我国也正处于民族复兴的关键时刻。在当前"两个大局"的背景之下，各式各样的风险挑战层出不穷，艰巨繁重的任务难题日益增多。对接各行各业的领导干部将党的新部署、新要求落实到工作中时，必然会遇到新问题与新挑战。领导干部倘若安于现状、不思进取而忽视个人能力建设，不能适应形势、任务、制度、技术、资源等方面的变化，将难以胜任复杂形势和复杂任务，也就难以真抓实干、创造业绩。习近平总书记指出，要坚持理论和实践相结合，注重在实践中学真知、悟真谛，加强磨炼、增长本领。关键是要虚心用心，甘当"小学生"，不懂就问、不耻下问，切忌主观臆断、不懂装懂。在向第二个百年奋斗目标迈进的新征程上，领导干部必须以坚实的理论素养为基础，切实提高政治能力、调查研究能力、科学决策能力、改革攻坚能力、应急处突能力、群众工作能力、抓落实能力；要及时感知时代的动态发展，立足本职、坚持学习、提升自我，在专业领域进行理论创新和实践创新，不断吸收新知识、学习新技术，在重构、完善、升级个人能力体系的过程中增强核心竞争力。

# 第二章　如何始终统一思想、统一意志、统一行动

统一思想、统一意志、统一行动是遵循马克思主义政党建设实践经验与规律的基本要求。党的二十大党章明确指出："中国共产党要领导全国各族人民实现第二个百年奋斗目标、实现中华民族伟大复兴的中国梦，必须紧密围绕党的基本路线，坚持和加强党的全面领导"。①中国共产党作为中国特色社会主义事业的核心力量，统一思想、统一意志、统一行动不仅是在全面建设社会主义现代化国家开局起步的关键时期对历史经验的规律性总结，更是针对前进道路上各种现实问

---

① 《中国共产党章程》，人民出版社 2022 年版，第 18 页。

题的实践性应对，其不仅有利于形成独特的政治优势，得到最广大人民群众的衷心拥护和广泛支持，还可以彰显以严密组织性与严明纪律性为特征的组织优势，使中国共产党具有更强大的执行力与组织力，对大党破解"赶考"之路上难以化解的问题具有重要意义。

## 一、统一思想、统一意志、统一行动是百年大党 解决内外部问题的现实需要

保证党的团结和集中统一是党的生命，也是我们党能够成为百年大党、创造世纪伟业的根本所在。百年来，中国共产党带领全体人民在风浪中砥砺前行、在关隘前积极奋进，在共同理想、共同精神、共同价值、共同力量引领下，不断将中华民族伟大复兴事业推向更为辉煌美好的未来。进入新时代，光明前景与风险挑战并存，统一思想、统一意志、统一行动不仅可以使得全党和全体人民同心同德、共同奋斗，还可以将思想统一于党中央的决策部署上，将力量凝聚于克服重大阻力上，为全党和全国人民在新形势下进行新的伟大斗争提供"定盘星"。

### （一）统一思想、统一意志、统一行动彰显马克思主义政党鲜明特征

统一思想、统一意志、统一行动的内核是团结统一。马克思在《关于工人阶级的政治行动》中强调了无产阶级从事政治活动的逻辑必然性与现实合理性，并提出了"一切阶级运动本身必然是而且从来就是政治运动"① 的重大判断，指明了无产阶级革命运动的

---

① 《马克思恩格斯选集》第 4 卷，人民出版社 1995 年版，第 596 页。

本质是在无产阶级政党领导下的"政治的最高行动"①。从实然角度来分析，中国共产党既是一个马克思主义政党，又是一个长期执政的政党，这两重属性的融合交汇，共同熔铸了中国共产党必然要有坚强的领导核心，必然要能够在时代洪流与现实挑战中统一思想、统一意志、统一行动。从应然角度而言，中国共产党作为中国工人阶级的先锋队，作为全国各族人民利益的忠实代表，作为中国特色社会主义事业的领导核心，要实现长期执政，必然要在统一思想、统一意志中肩负起人民与历史赋予的使命责任，形成推动党和国家持久健康发展的强大合力。

从马克思主义建党学说来看，统一思想、统一意志、统一行动既是无产阶级进行斗争的基本条件与实践要求，又是无产阶级政党永恒不变的价值追求。马克思、恩格斯在《共产党宣言》中阐述共产党的性质时指出："共产党人不是同其他工人政党相对立的特殊政党。他们没有任何同整个无产阶级的利益不同的利益。"② 这便指明了马克思主义政党的本质是无私的、立志为劳动人民解放事业而不懈奋斗的政党。同时，马克思还指出关于建立无产阶级政党的核心思想，"无产阶级的运动是绝大多数人的，为绝大多数人谋利益的独立的运动"③，而要体现与实现"两个绝大多数"，就必须将团结写在自己的旗帜上，在奋斗中团结一切可以团结的力量，集中一切力量攻坚克难，在思想上、实践中摒弃一切形式的"自由主义""关门主义""山头主义"以及"个人主义"等错误行为与主张，始终同各类错误思想作斗争，始终朝着共产主义运动的历史伟业方向奋勇前进。在阐述党的使命时，马克思与恩格斯强调，共

---

① 《马克思恩格斯选集》第 2 卷，人民出版社 1995 年版，第 123 页。
② 《马克思恩格斯文集》第 2 卷，人民出版社 2009 年版，第 44 页。
③ 《马克思恩格斯选集》第 1 卷，人民出版社 1995 年版，第 283 页。

产党人的最近目的是"使无产阶级形成为阶级，推翻资产阶级的统治，由无产阶级夺取政权"①。这便内在地规定了要将无产阶级与人民群众结合起来进行斗争，形成一个"人数众多的、紧密团结的、强大的无产阶级"②，同时"联合的行动，至少是各文明国家的联合的行动，是无产阶级获得解放的首要条件之一"③。指明了团结统一是无产阶级政党开展斗争、争得胜利的必要条件。

在具体实践中，马克思和恩格斯将党的思想统一与组织统一作为实现工人阶级团结的前提条件，并指出工人阶级的联合通常是通过党的组织来实现，而这种联合只有将其置于科学的理论指导下才有实质性的意义。与此同时，鉴于第一国际内部各种反动思潮，特别是巴枯宁无政府主义思潮对工人运动健康发展的冲击与影响，恩格斯指出，"巴黎公社遭到灭亡，就是由于缺乏集中和权威"④，马克思也坚定地认为："加强总委员会的权力并且为了当前的斗争而把活动集中起来是适当的和必要的，因为分散会使这种活动没有成果"⑤。在马克思与恩格斯的合力协调下，第一国际最终驱逐了巴枯宁无政府主义者，有力地维护了国际的团结与统一。对此，马克思在总结经验时指出："国际的一个基本原则——团结。如果我们能够在一切国家的一切工人中间牢牢地巩固这个富有生气的原则，我们就一定会达到我们所向往的伟大目标。"⑥ 马克思和恩格斯在实质上强调了团结统一对于政党建设、组织发展、国家前途的重要性，同时团结统一也需要坚强有力的党组织集中统一领导来维系和保障。

---

① 《马克思恩格斯文集》第2卷，人民出版社2009年版，第44页。
② 《马克思恩格斯文集》第2卷，人民出版社2009年版，第26页。
③ 《共产党宣言》，人民出版社1997年版，第47页。
④ 《马克思恩格斯选集》第4卷，人民出版社1995年版，第606页。
⑤ 《马克思恩格斯全集》第18卷，人民出版社1964年版，第179页。
⑥ 《马克思恩格斯全集》第18卷，人民出版社1964年版，第180页。

　　列宁在继承与发展马克思和恩格斯对无产阶级政党保持团结统一重要思想的前提时，高度重视苏联共产党在革命原则上的团结统一，并提出党的团结统一是维护党中央权威的有力武器。第一，在组织形成上，无产阶级是阶级中的先进分子凭借共同的价值追求与理念信念而形成的。但是随着组织的扩大，党的这种"思想影响"必然要转变为"依靠权力实行'专制'的倾向"①，因此，只有将思想威信转化为权力威信，使各级党组织服从党中央的指挥与领导，党才能成为统一的整体。第二，在自身状况上，当时俄国党内无政府主义思潮、小组习气、派系斗争都严重存在，组织上的机会主义也在不断削弱党中央权威、破坏组织的严密性，对此，必须强调党中央领导下自上而下的集中统一，保证无产阶级先锋队的思想统一、行动一致。第三，从外部环境看，无论是在战火蔓延的革命年代还是在和平发展的建设时期，只有统一思想、统一意志、统一行动，才能使党中央机关拥有广泛的权力，得到党员与人民群众的普遍信任，发挥集中力量办大事的优势。同时，列宁还指出党的思想统一和组织统一是相互联系的有机整体，思想统一是组织统一的根本和灵魂，"没有思想上的统一，组织统一是没有意义的"②，组织统一是思想统一的保障和载体，为了保证党的团结统一，必须"毫无例外地解散一切按这个或那个纲领组成的派别"③，从根本上指明了思想统一和组织统一对于党在团结统一中提升党组织的战斗力、凝聚力和影响力的重要意义，不仅为创建具有强大凝聚力与严密组织性的无产阶级政党提供了科学指引，还为世界上其他国家无产阶级政党加强自身建设提供了科学的理论指南。

---

　　① 《列宁全集》第 8 卷，人民出版社 1986 年版，第 366 页。
　　② 《列宁全集》第 5 卷，人民出版社 1986 年版，第 247 页。
　　③ 《列宁选集》第 4 卷，人民出版社 1995 年版，第 471—472 页。

### （二）统一思想、统一意志、统一行动体现我们党一以贯之的政治优势

中国共产党历来是一个善于争取团结、勇于实现团结的政党。在百年奋斗征程中，我们党始终坚持统一思想、统一意志、统一行动，在高昂的奋斗精神中用团结统一的血液描绘出独属于自身特色的精神谱系，使百年党史的各个阶段均凝聚起各族人民团结奋斗的强大力量。习近平总书记深刻指出，"党和人民取得的一切成就都是团结奋斗的结果"①。百年党史证明，一个规模巨大的政党，其形成与发展并不仅仅在于党组织和党员数量的增长，更重要的是是否能够在发展壮大的过程中凝心聚力，统一思想、统一意志、统一行动，凝结成为"一块坚硬的钢铁"，锻造成为"坚强有力的大党"，从而在团结奋斗中克服前进道路上的困难，形成敢闯、敢干、敢于成功的实践伟力。

1921 年之前，中华民族在内忧外患与社会危机中陷入了一盘散沙、徘徊不前的困顿格局中，从洋务派到太平天国领导集团、资产阶级改良派到革命派，从无政府主义到无政府工团主义、互助主义、合作主义、基尔特社会主义、伯恩施坦主义等"你方唱罢我登场"，都没能改变中国社会的现状。直到 1921 年，随着马克思主义的广泛传播，中国共产党犹如茫茫暗夜里的一束火把，照亮了中国人民的前进方向，自此以后，中国革命真正有了主心骨。在中国共产党强大的思想引领力、组织号召力和社会动员力的驱动与领导下，中国人民在团结奋斗中真正地实现了民族独立与觉醒。

新民主主义革命时期，中国共产党在领导开展反帝反分裂的革

---

① 《习近平谈治国理政》第四卷，外文出版社 2022 年版，第 554 页。

命斗争中形成了对团结问题的正确认识。在第一次国内革命时期，中国共产党人从工人运动的惨烈失败中认识到：此时中国革命的力量远不如封建主义与帝国主义强大，要想取得胜利就必须结成最广泛的革命统一战线。于是在多种因素的推动下实现了与国民党第一次合作，建立了统一战线。但是由于四一二反革命政变和七一五反革命政变，第一次国共合作失败，中国共产党、中国革命遭遇惨痛损失。对此，中国共产党认识到：党不仅要建立统一战线，更要坚持无产阶级及其政党的领导权。随着革命形势的不断严峻，由于党内"左"倾领导人的错误领导，导致中央红军在第五次反"围剿"中付出了惨痛代价。但是，毛泽东同志在遵义会议上并未将博古、李德等"左"倾领导人"当做敌人来对待"，而是采取"团结—批评—团结"的方式帮助这些同志认识错误、改正错误，这也为党内团结统一的实现创造了良好的环境。1937 年，中国共产党为建立和巩固抗日民族统一战线，广泛团结中间阶级、阶层、民主党派等各界人士，积极而坚定地开展了一系列卓有成效的工作，发展了人民抗日武装力量，推动了全国人民的空前大团结，促进了全国军民的全面战争，为最终战胜日本侵略者创造了决定性条件。1944年，《解放日报》社论指出："中国需要团结，各方面的团结：民族间的、阶级间的、党派间的、国际间的。"历史证明，"只有经过共产党的团结，才能达到全阶级和全民族的团结，只有经过全阶级全民族的团结，才能战胜敌人，完成民族和民主革命的任务"①，党内团结以及党同人民的团结对于中国革命而言"绝对必要"。

社会主义革命和建设时期，中国共产党在建立领导和巩固国家政权中更加重视统一思想、统一意志、统一行动问题。1954 年，

① 《毛泽东选集》第一卷，人民出版社 1991 年版，第 278 页。

党的七届四中全会《关于增强党的团结的决议》指出："党的团结是党的生命，是马克思列宁主义的基本原则，破坏党的团结就是违反马克思列宁主义的基本原则，就是帮助敌人来危害党的生命。"① 这一论述从根本上指明了团结统一是事关党和国家前途命运的关键性问题，只有全党团结一致，上下拧成一股绳、心往一处想、劲往一处使，才能确保全党统一意志、整齐步伐，战胜一切强大敌人、一切艰难险阻。在党的八大预备会议上，毛泽东同志在系统总结中国革命历史经验的基础上指出："所谓团结，就是团结跟自己意见分歧的，看不起自己的，不尊重自己的，跟自己闹过别扭的，跟自己作过斗争的，自己在他面前吃过亏的那一部分人。至于那个意见相同的，已经团结了，就不发生团结的问题了。"② 帮助全党上下厘清了团结对象的特征，并提出了八大的目的和宗旨："团结全党，团结国内外一切可以团结的力量，为建设伟大的社会主义中国而奋斗"③，指明了团结统一是建设社会主义的必由之路。

改革开放和社会主义现代化建设新时期，中国共产党人在解放思想、实事求是思想的指引下，在统一思想、统一意志、统一行动中创造了改革开放和社会主义现代化建设的伟大成就。邓小平同志指出，"最重要的是人的团结，要团结就要有共同的理想和坚定的信念"④，要坚定维护和发展安定团结的政治局面⑤，加强同全国各族人民和全世界人民的团结⑥，争取整个中华民族的大团结⑦。在改革开放的浪潮中，中国人民勠力同心，在思想上同心同向，在行

---

① 《建国以来重要文献选编》第五册，中央文献出版社 1993 年版，第 128 页。
② 《毛泽东选集》第三卷，人民出版社 1991 年版，第 92 页。
③ 石仲泉：《中共八大史》，人民出版社 1998 年版，第 127 页。
④ 《邓小平文选》第三卷，人民出版社 1993 年版，第 190 页。
⑤ 《邓小平文选》第二卷，人民出版社 1994 年版，第 187 页。
⑥ 《邓小平文选》第三卷，人民出版社 1993 年版，第 4 页。
⑦ 《邓小平文选》第三卷，人民出版社 1993 年版，第 161 页。

动上高度自觉，共同铸就了全社会团结一致向前进、笃行不怠向未来的开放局面。江泽民同志立足于发展的角度指出："团结出凝聚力、出战斗力、出新的生产力，而加强团结最根本的是维护党中央的权威。"① 胡锦涛同志指出，团结是促进社会和谐的重要途径，中国特色社会主义事业需要全体中华儿女万众一心、团结奋斗。② 实践证明，党的团结统一是党的力量所在，是实现经济社会发展、民族团结统一、国家长治久安的重要保证。

历史的车轮滚滚向前，中国特色社会主义进入新时代，中国共产党人在永不懈怠的精神状态和一往无前的奋斗姿态下，在统一思想、统一意志、统一行动中实现了全面建成小康社会的历史夙愿，顺利开启了全面建设社会主义现代化国家的新征程。党的十八大以来，以习近平同志为核心的党中央着眼新时代历史方位，将实现党的团结从政治、思想和行动三个层面进行深入推进，使全党思想上更加统一，政治上更加团结，行动上更加一致。首先，政治建设是促进党的团结的根本路径。党的十八大以来，党中央将坚持党中央权威与集中统一领导作为首要任务，将坚守正确政治方向作为重中之重，将紧扣民心作为最大的政治，将营造良好的政治生态作为基础性工程，通过党的群众路线教育实践活动、"两学一做"学习教育、"不忘初心、牢记使命"主题教育、党史学习教育和学习贯彻习近平新时代中国特色社会主义思想主题教育，从理论与实践上将党的政治建设提升到了新的高度，为党在新时期能够统一思想、统一意志、统一行动提供了坚实保障。其次，思想统一是实现党的团结的内在要求与重要路径。2016 年 10 月 27 日，党的十八届六中全会通过的《关于新形势下党内政治生活的若干准则》强调：全

---

① 《江泽民文选》第二卷，人民出版社 2006 年版，第 415 页。
② 《胡锦涛文选》第三卷，人民出版社 2016 年版，第 659 页。

党必须牢固树立政治意识、大局意识、核心意识、看齐意识，自觉在思想上政治上行动上同党中央保持高度一致。习近平总书记更是要求全党要克服"精神懈怠危险"，以永不懈怠的精神状态和一往无前的奋斗姿态，充满自信地坚持党的领导和我国社会主义制度，坚决与一切削弱、歪曲、否定党的领导和我国社会主义制度的言行作斗争，在思想上坚定党的团结统一。再次，行动统一是实现党的团结的必要条件。积力所举无不胜，众智所为无不成。中国共产党之所以能够在十年间使党和国家的事业发生历史性变革，关键就在于全党上下团结一心、步调一致。当前，中国已走上"新的赶考之路"，如何在全面推进中华民族伟大复兴的新征程中进一步在团结统一的问题上保持认识的清醒与行动的自觉，如何勠力同心、不断奋进，凝聚起同心共筑中国梦的磅礴伟力，是新时代新使命赋予大党的难题，同时也是时代给予中国共产党的"必答题"。

## （三）统一思想、统一意志、统一行动是新时代新征程完成新使命的必然要求

新时代新征程党的使命任务要求统一思想、统一意志、统一行动。党的二十大报告明确提出，"中国共产党的中心任务就是团结带领全国各族人民全面建成社会主义现代化强国、实现第二个百年奋斗目标，以中国式现代化全面推进中华民族伟大复兴。"[1] 宏伟目标并不是轻轻松松、朝夕之间就可以实现，前进道路必然风雨兼程。从国内看，我国改革发展面临不少深层次矛盾，党的建设特别是党风廉政建设与反腐败建设面临不少顽固性、多发性问题；从国

---

[1] 习近平：《高举中国特色社会主义伟大旗帜 为全面建设社会主义现代化国家而团结奋斗——在中国共产党第二十次全国代表大会上的报告》，人民出版社 2022 年版，第 21 页。

际看，世纪疫情影响深远，国际局势扑朔迷离，以美国为首的西方国家以内容更加隐蔽、形式更加多样、方法更加匪夷所思的意识形态渗透妄图实现预想的"颜色革命"。如何在国内国际"两个大局"复杂形势下和平稳定发展，是我们党面临的现实难题。实践证明，只有在统一思想、统一意志中凝聚起全党全国各族人民的统一行动的合力，依靠团结协作筑牢防范抵御风险的森严堡垒，才能打开事业发展的新天地。

统一思想、统一意志、统一行动是巩固中国共产党长期执政地位的现实需要。习近平总书记曾深刻指出："苏联为什么解体？苏共为什么垮台？一个重要原因就是意识形态领域的斗争十分激烈，全面否定苏联历史、苏共历史，否定列宁，否定斯大林，搞历史虚无主义，思想搞乱了，各级党组织几乎没任何作用了，军队都不在党的领导之下了。最后，苏联共产党偌大一个党就作鸟兽散了，苏联偌大一个社会主义国家就分崩离析了。"① 历史是最好的教科书。无论是 19 世纪国际共产主义运动的曲折发展，还是 20 世纪苏联社会主义革命和建设的兴衰成败，都为新时代中国共产党人"统一思想、统一意志、统一行动"提供了重要启迪和历史镜鉴。当前，我国发展内外部环境发生深刻变化，社会思想观念的选择性、差异性、多边性、独立性明显增强，一些扭曲错位的价值观不断冲击着中华民族的内在凝聚力，巩固全党全国人民的思想防线迫在眉睫。因此，能否坚决维护党的领导、维护党的领袖的核心地位，能否毫不动摇地坚持马克思主义的指导，能否坚定不移地在党的领导下心往一处想、劲往一处使，关系到马克思主义政党的生死存亡，关系到中国共产党长期执政地位是否能够稳定维护。

---

① 《十八大以来重要文献选编》（上），中央文献出版社 2014 年版，第 113 页。

统一思想、统一意志、统一行动是确保国家安全和社会稳定的基础条件。"利莫大于治，害莫大于乱。"国泰民安是中国人民最基本、最普遍的愿望，社会稳定是经济社会发展的前提条件。没有安全稳定的社会环境，就没有人民的幸福、国家的强盛。新形势下，随着中国的发展和强大，国家安全的内外挑战显著增多，西方国家西化分化我国的图谋不断加剧，唱衰中国的杂音不绝于耳，加之我国正处于改革深水区、发展攻坚期和转型关键期，各种矛盾问题交织，来自政治、经济、社会、意识形态、生态等方面的安全隐患与重大风险严重影响到平安中国的建设进程。面对各种随时可能发生的"黑天鹅""灰犀牛"事件以及前进道路上各种风高浪急甚至惊涛骇浪的重大考验，习近平总书记指出："党面临的形势越复杂、肩负的任务越艰巨，就越要加强纪律建设，越要维护党的团结统一，确保全党统一意志、统一行动、步调一致前进。"① 因此，我们必须紧紧围绕在党中央周围，在统一思想、统一意志、统一行动中凝聚各方的智慧和力量，充分调动一切积极因素，排除干扰和杂音，不动摇、不懈怠、一心一意、团结一致，不断朝着实现中华民族伟大复兴的中国梦这一宏伟目标阔步迈进。

统一思想、统一意志、统一行动是应对世界之变、时代之变、历史之变的有力举措。当前，随着世界多极化趋向深入发展，世界百年未有之大变局加速演进，大国博弈日趋激烈，新冠疫情与俄乌冲突不断冲击着原有的世界格局，全球产业链供应紊乱、能源供应紧张等风险频发，全球治理体系与国际政治经济格局加速演变，国际环境更加扑朔迷离，不稳定性、不确定性明显增加。与此同时，新一轮科技与产业革命正在重构全球创新版图、重塑全球经济结

---

① 《习近平谈治国理政》，外文出版社 2014 年版，第 386 页。

构。中国作为应对"世界百年未有之大变局"的关键力量，如何面对以美国为首的西方集团对我国的遏制、封锁，如何面对单边主义、保护主义对我国经济发展带来的冲击，如何面对西方资本主义意识形态"挂羊头卖狗肉"对我国主流意识形态的入侵，成为中国共产党不得不面对的难题，同时也是全体中国人民不得不面对的难题。对此，习近平总书记在纪念辛亥革命 110 周年大会上呼吁全体中国人民要"广泛凝聚中华民族一切智慧和力量"①，全党全国人民唯有统一思想、统一意志、统一行动，才能避免在"大变局"下出现一盘散沙、分裂分离的无序状态，唯有将团结与奋斗统一于以中国式现代化全面推进中华民族伟大复兴的光明前景中，统一于中国共产党的全面领导之中，才能形成高度认同的向心力，从而将我们党和国家进一步建设得更加强大。

## 二、统一思想、统一意志、统一行动是中国共产党必须解决的独有难题

习近平总书记指出："我们党是一个大党，统一思想历来不易"②，"大也有大的难处，如何确保全党在共同思想理论基础上的高度集中统一尤其不易"③，"我们党是世界最大的执政党，领导着世界上人口最多的国家，如何掌好权、执好政，如何更好把 14 亿人民组织起来、动员起来全面建设社会主义现代化国家，是一个始终需要高度重视的重大课题"④。这些论述深刻反映了一个大党管

---

① 习近平：《在纪念辛亥革命 110 周年大会上的讲话》，人民出版社 2021 年版，第 9 页。
② 《习近平关于全面从严治党论述摘编》，中央文献出版社 2016 年版，第 7 页。
③ 《习近平谈治国理政》第四卷，外文出版社 2022 年版，第 503 页。
④ 《习近平谈治国理政》第四卷，外文出版社 2022 年版，第 287 页。

党治党之难。"统一思想、统一意志、统一行动"作为大党"独有难题"之一，不仅是事关党中央是否有权威、能否实现集中统一领导的关键性问题，更是事关党和人民事业能否沿着正确方向前进的前提性问题。因此，厘清"统一思想、统一意志、统一行动"难题的现实呈现，不仅有利于保持解决大党独有难题的清醒和坚定，更有利于在团结统一中巩固党的长期执政地位。

### （一）大党之难，难在"统一思想"

从政党的本质而言，政党本身就是按照一定的思想意识形态组建而来的政治组织。一个强大的政党首先表现在思想的强大和思想领导的强大上。列宁指出："没有共同的思想基础，根本谈不上统一的问题。"① 实践证明，思想统一是更根本、更深层次的统一，同样也是实现其他统一的基础，因为党的政治方向、政治立场、政治原则无一不是建立在对其思想理论的认识与阐述之上，当一个政党的思想主张还没有被其成员真正掌握时，其组织上的真正巩固是不可能实现的。同样，思想的涣散与分裂，是组织解体的开始，苏联共产党正是在"指导思想多元化"政策下导致马克思主义丧失了根本指导地位，最终走入了亡党的境地。中国共产党作为一个拥有9800多万名党员、500多万个基层党组织、在14亿多人民的大国长期执政的大党，如何在统一思想中抓好理论武装，如何坚定马克思主义信仰，如何增强意识形态的生命力，如何优化思想统一的环境，是大党必须面对的"独有难题"。

难在如何在抓好理论武装的同时统一思想。毛泽东同志曾指出："反映了全世界无产阶级实践斗争的马克思主义的普遍真理，

---

① 《列宁全集》第5卷，人民出版社1986年版，第248页。

在它同中国无产阶级和广大人民群众的革命斗争实践相结合的时候，就成为中国人民百战百胜的武器。"① 马克思主义作为宏大而完备的科学理论体系以及人类文明成果的集大成，不仅深刻揭示了自然界、人类社会和思维发展的普遍规律，还为我们提供了认识世界和改造世界的科学方法。百年来，中国共产党无论是在事关中国革命、建设、改革兴衰成败的重大问题面前，还是在事关党的前途命运的重要历史关口，都始终坚持用马克思主义理论统一全党思想、指引前进方向。当前，世情国情党情发生着深刻变化，党员干部如何学好马克思主义，真正学会用马克思主义原理更好地认识国情、更好地认识党和国家事业发展大势、更好地认识历史发展规律，如何充分把握马克思主义的真理性和时代性，如何用与时俱进的真理去观察和解决当前我们所面临的各种问题，如何进一步深入推进马克思主义中国化时代化，是新时代中国共产党人必须面对的难题。

难在如何以坚定的马克思主义信仰统一思想。习近平总书记指出："对马克思主义的信仰，对社会主义和共产主义的信念，是共产党人的政治灵魂，是共产党人经受住任何考验的精神支柱。"② 随着改革开放的纵深推进，我们党面临着长期执政、改革开放、市场经济、外部环境的"四大考验"，面临着精神懈怠、能力不足、脱离群众、消极腐败的"四种危险"。这些考验和危险之所以复杂严峻，就在于它会导致方向迷失、思想混乱、信念动摇，进一步损害党的凝聚力战斗力、先进性纯洁性。因此，如何坚定马克思主义信仰、坚持党的全面领导，如何始终坚持正确政治方向，以坚强的政治定力、无畏的政治担当、高超的政治智慧克服新时代赶考之路

---

① 《毛泽东选集》第三卷，人民出版社 1991 年版，第 237 页。
② 《习近平谈治国理政》，外文出版社 2014 年版，第 15 页。

上的一切艰难险阻，是新时代中国共产党人的必答之题。

难在如何以具有强大凝聚力和引领力的社会主义意识形态统一思想。改革开放后，以美国为首的一些西方国家不断加大对中国进行"和平演变"的力度与强度，特别是通过歪曲、指责、攻击中国与马克思主义，鼓吹"马克思主义过时了""马克思主义无用了""社会主义的历史终结了"等，散布"中国崩溃论""中国威胁论"等论调"妖魔化"中国，意图以西方资产阶级的思想学说来取代马克思主义在意识形态领域的指导地位。这种错位的思想文化从根本上说是试图从中国内部瓦解中国共产党的领导，进而达到"颠覆"党的领导和社会主义制度的图谋。部分党员干部在这种意识形态的侵蚀下世界观、人生观、价值观发生扭曲，呈现出"软弱无力"的样态，一方面，对马克思主义的科学性产生怀疑，对共产主义理想感到迷茫，对中国特色社会主义的前途缺乏信心，在工作中出现了思维懈怠，无视组织纪律、没有原则立场等现象，另一方面，出现了"不信马列信鬼神""不问苍生问鬼神"等信仰迷茫、精神迷失问题。这些问题导致马克思主义的指导地位受到了负面挑战。因此，如何建设具有强大凝聚力和引领力的社会主义意识形态，如何用强大的社会主义意识形态统一思想、统一意志、统一行动，是中国共产党在新时代的必解难题。

难在如何优化思想统一环境。习近平总书记在十八届政治局第四十三次集体学习时强调指出："我们党之所以能够不断历经艰难困苦创造新的辉煌，很重要的一条就是我们党始终重视思想建党、理论强党，坚持用科学理论武装广大党员、干部的头脑，使全党始终保持统一的思想、坚定的意志、强大的战斗力。"① 当前，随着

---

① 《习近平谈治国理政》第二卷，外文出版社 2017 年版，第 67 页。

科技与网络技术的迅猛发展，党员干部以及人民群众的精神家园皆不同程度地遭受着不良信息的"侵袭"，在重大事件发生、重要时间节点上，总会有一些与正确思想路线背道而驰的言论产生，极大破坏整个社会环境的和谐稳定，甚至引发一些国际争端，让网络环境乌烟瘴气，损坏国家利益、影响国家安危。但是，由于网络环境具有传播迅速与开放性、包容性、多元化等特征，这些特征对党优化思想统一环境，提出了新的执政课题。因此，如何安装法律"笼子"、拉直言论"弯路"，如何将乌烟瘴气的网络环境转化为风清气正的"生态圈"，是党实现"统一思想"必解的难题。

### （二）大党之难，难在"统一意志"

统一意志是中国共产党内部组织和党员干部在政治思想、方针政策和工作部署等方面的认识和理解高度一致的意识形态表现。在中国共产党的组织生活中，保持党的意志统一是党的高度组织化表现之一，也是党的全面发展和长期执政的重要保障。1934 年，毛泽东同志就指出，中央革命军事委员会的建立，统一了全国红军的领导，使各个苏区各个战线的红军部队，开始在统一的战略意志之下，互相呼应与互相配合地行动起来。[1] 新中国成立后，他在总结经验的基础上深刻指出："我们的目标，是想造成一个又有集中又有民主，又有纪律又有自由，又有统一意志，又有个人心情舒畅、生动活泼，那样一种政治局面。"[2] 习近平总书记也强调，要确保全党统一意志、统一行动，步调一致前进。"只有全党思想和意志统一了，才能统一全国各族人民思想和意志，才能形成推进改革的

---

① 云光：《社会主义政治学》，人民出版社 1985 年版，第 312 页。
② 《建国以来毛泽东文稿》第六册，中央文献出版社 1992 年版，第 543 页。

强大合力。"① 当前，党内依然存在政治不纯、思想不纯、组织不纯、作风不纯等复杂突出问题，这些问题具体表现为对马克思主义信仰不坚定，对中国特色社会主义缺乏信心，党性修养差距大，是非观念淡薄，理想信念动摇等方面，其不仅会影响党的先进性与纯洁性，更容易使党内政治生活随意化、形式化、庸俗化、平淡化，从而侵蚀党的"肌体"。因此，如何在"统一意志"的基础上严明政治纪律与政治规矩，营造良好的政治生态，推动全面从严治党向纵深发展，为大党治理带来了重大的挑战。

难在如何始终维护党中央权威和集中统一领导。事在四方，要在中央。坚决维护党中央权威和集中统一领导，我们党才能充分发挥总揽全局、协调各方的领导核心作用。习近平总书记强调，党中央是大脑和中枢，必须有定于一尊、一锤定音的权威，这样才能"如身使臂，如臂使指，叱咤变化，无有留难，则天下之势一矣"。坚决维护党中央权威和集中统一领导是党的最高原则，是大局，是党性，关系党、民族、国家前途命运，任何时候任何情况下都不能含糊、不能动摇。虽然长期以来我们始终保持着全党服从党中央集中统一领导、一切行动听党指挥的优良传统和作风，但是仍然还存在着无视党中央权威的现象，有的对党中央大政方针说三道四、胡言乱语，有的在重大原则与大是大非问题面前立场摇摆、态度暧昧，有的地方和部门存在地方保护主义或部门保护主义，歪曲中央精神和指示换取局部利益，还有的对党中央部署打折扣、搞变通、做选择，这些都严重削弱了党的集中统一领导，极大损害了党的形象。因此，如何更加充分地维护党中央权威和集中统一领导，如何在统一意志中更好地凝聚全党的智慧力量，形成在思想上、政治

---

① 《十八大以来重要文献选编》（上），中央文献出版社 2014 年版，第 547 页。

上、行动上的合力，是大党必须破解的难题。

难在如何始终遵守严明的政治纪律和政治规矩。党的纪律，包含了对党员政治、组织、廉洁、工作、生活和处理党群关系等各方面的要求。在这些纪律要求中，政治纪律是维护党的团结统一的根本保证。严格的政治纪律，能够产生强大的内部凝聚力与战斗力。但是，由于部分党员干部丧失初心，在欲望的支配下选择踩上一条又一条党纪国法"高压线"，有的对党中央决策部署和三令五申的要求搞"上有政策，下有对策"，个别党组织对违反政治纪律的错误言行采取凌空蹈虚、不以为然、放任自流的态度，不报告、不抵制、不斗争，导致更多的党员干部将政治纪律和政治规律看成虚词、当成空文。习近平总书记从无数案例中抽象和总结出来了无视政治纪律和政治规矩的"七个有之"。除"七个有之"外还有"两面人""两面派"等更多表现样态。这些样态一方面侵蚀党的健康"肌体"，另一方面损害党的形象，破坏党的团结统一。因此，如何始终维护好遵守好党的政治纪律和政治规矩，如何以严明的纪律维护党的集中统一领导，增强党的凝聚力和战斗力，如何破解党的领导弱化和组织涣散、纪律松弛等问题，是大党必须面对的难题。

难在如何正确把握好民主与集中的辩证关系。民主集中制是我们党的根本组织原则和领导制度，是马克思主义政党区别于其他政党的重要标志。以民主集中为组织原则的制度安排，"既可以最大限度激发全党创造活力，又可以统一全党思想和行动，有效防止和克服议而不决、决而不行的分散主义"①，最大限度地将全社会全民族的积极性、主动性、创造性发挥出来。从历史经验教训和现实

---

① 《树牢"四个意识" 坚定"四个自信" 坚决做到"两个维护" 勇于担当作为以求真务实作风把党中央决策部署落到实处——中共中央总书记习近平主持会议并发表重要讲话》，《人民日报》2018 年 12 月 27 日。

来看，我们党在贯彻执行民主集中制方面，"既有发扬民主不够导致的主要领导独断专行的问题，也有正确集中不够造成的领导班子软弱无力的问题"①。遵义会议前，由于党的主要领导人陈独秀、王明等搞"家长制"，推行右倾机会主义、"左"倾教条主义，最终导致党的团结统一受到严重破坏，使得革命事业遭到重大损失。从 1958 年至"文革"结束，"党和国家的民主生活逐渐不正常，一言堂、个人决定重大问题、个人崇拜、个人凌驾于组织之上一类家长制现象，不断滋长"②，党的民主集中制遭到极大破坏。历史证明，民主集中制是关系党和国家事业兴衰成败的重大问题。当前，中国特色社会主义进入新时代，新形势下党内生活仍然存在着"发扬民主不够""正确集中不够"等问题。因此，如何进一步加强与规范上述问题，如何科学把握好民主和集中的动态关系，如何在充分发扬民主和正确实行集中的同时统一全党思想、意志和行动，如何将民主集中制的优势变成我们党的政治优势、组织优势、制度优势、工作优势，是新时代大党必须破解的难题。

## （三）大党之难，难在"统一行动"

从本质上而言，统一思想、统一意志、统一行动三者不是割裂的单独个体，而是相互联系、相互影响、相互促进的整体。统一思想是统一意志和统一行动的前提和基础，具有引导作用。统一意志是推进行动发展的基础和动力，统一行动是达成共同目标的具体实践，是思想和意志的具体表现，前两者的效力共同影响着统一行动的成效。因此，如何将思想的闪电转变为行动的伟力，如何将党的意志、党的主张转化为党员群众的思想自觉、行动力量，如何将党

---

① 《十八大以来重要文献选编》（上），中央文献出版社 2014 年版，第 353 页。
② 《邓小平文选》第二卷，人民出版社 1994 年版，第 330 页。

坚如磐石的政治定力、民族复兴的雄心壮志、开拓创新的胆魄锐气、敢战能胜的斗争精神转化为众志成城统一行动的伟力，是新时代大党必须考量的难题。具体而言，统一行动之"难"在三个方面：

难在"统一"。由于中国共产党是一个"组织规模大"的百年大党，有着组织层级复杂多样、管理链条长等特点，这些特点一方面能够使大党具备强有力的领导体制和组织体系，在自上而下的统一领导中形成统一行动的伟力；另一方面，可以形成协同高效的监督机制和规范有效的责任机制，从而保证政党自身治理不断规范化、理性化、科学化。同时，党组织也面临着"统一"难的困扰：第一，党员来源多元化，认知能力与行动能力差异大，加大了"统一"的难度；第二，党组织分布不均衡，组织调动与协同能力在一定程度上受到限制，影响"统一"的效度；第三，统一思想与统一意志不到位，党内存在"宽松软""推拖绕""庸懒散"等现象，影响"统一"的效力。因此，如何在"统一"中增强大党的群众组织力、人民感召力、社会号召力，进一步增强行动的实践伟力，是大党必须破解的难题。

难在始终保持昂扬的艰苦奋斗姿态。艰苦奋斗是我们党的政治本色和优良传统。习近平总书记指出，"能不能坚守艰苦奋斗精神，是关系党和人民事业兴衰成败的大事"[1]。随着经济社会的迅速发展，物质条件的改善和人民群众生活水平的逐渐提高，部分党员却忘记了初心使命和艰苦奋斗的优良传统，将"拜金主义""享乐主义"作为个人追求，在精神状态上，萎靡不振，意志消沉，方向迷失，沉迷"躺平主义"，奉行"今朝有酒今朝醉""人生得

---

[1]《关于党风廉政建设和反腐败斗争论述摘编》，中国方正出版社2015年版，第70页。

意须尽欢"的人生宗旨；在工作态度上消极应付，拈轻怕重，得过且过，不敢担当，缺乏脚踏实地、任劳任怨、埋头苦干的责任感和事业心；在公务活动中，将权力作为谋私的工具，在其位不谋其职，在其职不谋其责，脱离群众，败坏风气；在生活上玩物丧志，铺张浪费，奢靡挥霍，完全忘记中国共产党当前的成就就是从艰苦奋斗中一路走来的。当前，尽管我们逐步富起来、强起来了，但是党面临的"赶考"尚未结束，艰苦奋斗的劲头不能松懈，艰苦奋斗的精神永远不会过时，因此，如何在新时代以永不懈怠的精神状态和一往无前的奋斗姿态冲破前进道路上一切艰难险阻，如何用艰苦奋斗精神凝聚全党全国人民"统一行动"的实践伟力，是大党的必解难题。

难在健全"统一思想、统一意志、统一行动"的长效制度机制。在社会科学领域内，机制主要指系统内部构成要素的相互关系及其运行变化的规律。[①] 就"统一思想、统一意志、统一行动"而言，长效制度机制蕴含着"谁来统一，如何统一，如何保障统一的成效"的内在逻辑。具体而言，健全"统一思想、统一意志、统一行动"的长效制度机制主要难在以下几个方面：第一，在理论构建层面上，如何强化"统一思想、统一意志、统一行动"的理论武装，将党的创新理论转化为实践力量；第二，在心理认同层面上，如何始终不忘初心，如何找到党员干部的情感依附点，并将"思想""意志"内化于党员干部的实践行动中；第三，在行动实践保障上，如何健全分权责任制，使责任内容精确化、具体化；如何健全监督机制，使党内监督与群众监督配合更加密切，使党的"行动"更"透明"、更高效；如何健全惩戒机制，进一步约束和

---

① 董庆霞：《构建"不忘初心、牢记使命"制度的长效机制》，《理论导刊》2021年第10期。

规范党员干部的行为，增强党员"统一行动"的自觉性；如何构建容错机制，激励党员干部在"统一行动"中解放思想、大胆创新。上述难点共同构成了党在新时代维护党的团结统一、健全党"统一思想、统一意志、统一行动"长效制度机制的必答之问。

## 三、准确把握统一思想、统一意志、统一行动的实践要求

习近平总书记明确指出："我们党是高度集中统一的马克思主义政党，思想上的统一、政治上的团结、行动上的一致是党的事业不断发展壮大的根本所在。"[①] 因此，我们要准确把握"统一思想、统一意志、统一行动"的时代要求，在凝心聚力与团结奋斗中不断寻找破解大党独有难题的有效方案。

### （一）坚持以加强党的全面领导为统领

党的二十大报告明确强调："坚持和加强党的全面领导。坚决维护党中央权威和集中统一领导，把党的领导落实到党和国家事业各领域各方面各环节，使党始终成为风雨来袭时全体人民最可靠的主心骨。"[②] 这是对党百年奋斗历史经验的深刻总结，同时也是对时代发展要求的现实回应。党的十八大以来，以习近平同志为核心的党中央坚持将党的全面领导提升到中国特色社会主义最本质特征和最大制度优势的高度，并在此基础上提出了一系列原创性思想、

---

① 习近平：《在全国党校工作会议上的讲话》，人民出版社 2016 年版，第 9 页。
② 习近平：《高举中国特色社会主义伟大旗帜　为全面建设社会主义现代化国家而团结奋斗——在中国共产党第二十次全国代表大会上的报告》，人民出版社 2022 年版，第 26 页。

作出了一系列重要制度安排、取得了一系列重大实践成果，使得全党在思想上更加统一、在政治上更加团结、在行动上更加一致，使党的政治领导力、思想引领力、群众组织力和社会号召力显著增强，为推动党和国家事业发展提供了根本的政治保证。立足新时代新征程，我们必须牢牢把握和坚持党的全面领导这一重大原则，更加自觉地肩负起以中国式现代化全面推进中华民族伟大复兴的神圣使命，在把握历史主动中统一思想、统一意志、统一行动，推动时代的车轮滚滚向前。

坚持和加强党的全面领导，最根本的是深刻领悟"两个确立"的决定性意义，坚决做到"两个维护"。党的领导核心是党的灵魂，坚持用习近平新时代中国特色社会主义思想凝心铸魂、坚决维护党中央权威和集中统一领导，是实现党的全面领导的根本。只有深刻领悟"两个确立"的决定性意义、坚决做到"两个维护"，才能聚合全党全国各族人民的奋斗合力，才能确保全党全国人民在党的旗帜下团结成"一块坚硬的钢铁"，集聚起万众一心、共克时艰的磅礴力量，为全面建成社会主义现代化强国、实现第二个百年奋斗目标提供根本保证。因此，要树立核心意识，在政治思想上确保与党中央领导核心保持高度一致，坚持以党的旗帜为旗帜、以党的方向为方向、以党的意志为意志，始终做到在党言党、在党忧党、在党为党，任何时候都同党同心同德；在行动上以党中央要求为指针，将党中央作为团结的方向与最终标尺，以绝对的忠诚紧密团结在党中央周围，服从党中央的统一指挥、调度与部署。同时，要树立纪律意识，党的纪律是维护党统一领导、完成党的任务、规范党组织和党员行为的重要保证。因此，要认真学习贯彻党的纪律，严格遵守与坚决维护党的纪律和规矩，内化于心外化于行，始终做政治上的"明白人"。

　　坚持和加强党的全面领导，要发挥政治建设的统领作用。党的政治建设是党的根本性建设，直接决定着落实党的全面领导的成效。发挥党的政治建设的作用，首先，要强化政治意识，在根本性问题上坚定政治立场，提高政治敏锐性，强化忧患意识，善于从苗头性、倾向性现象中见微知著、发现潜在问题，做到标本兼治、抓根治本。其次，要严肃党内政治生活，在党情深刻变革中使党的团结统一更加巩固。再次，要严明政治纪律与政治规矩，在自我净化中彰显政治本色，增强党的凝聚力与战斗力。同时，还要积极培育良好的党内政治文化，促进党员个体形成在政治情感与政治价值方面的精神认同，从根本上实现管党治党的长远发展。

　　坚持和加强党的全面领导，要提高党员干部的政治能力。习近平总书记指出，"全党同志特别是高级干部要加强党性锻炼，不断提高政治觉悟和政治能力"①。政治能力的高低是衡量一个党员在政治上是否成熟的重要标志，同时也是关系一个党员干部能否在思想上政治上行动上同党中央保持高度一致的重要因素。增强政治能力，首先，要增强政治判断力。第一，要增强明辨是非的能力，善于从错综复杂的矛盾关系和相互交织的社会现实中仔细观察事物、分析问题，敢于揭发其中的疑点和破绽，从而作出正确的应对策略；第二，要善于用政治眼光洞察大势，善于在千头万绪的复杂问题中练就"政治慧眼"，在多种利益博弈中运筹帷幄，作出正确决策；第三，要坚持底线思维防范风险、规避风险，在防微杜渐中筑牢防线，做到未雨绸缪、有备无患。其次，要增强政治领悟力。政治领悟力是党员干部政治素养、理论素养的集中体现。提高政治领悟力除了要加强理论学习外，还应当坚守人民立场，带头维

①　习近平：《决胜全面建成小康社会　夺取新时代中国特色社会主义伟大胜利——在中国共产党第十九次全国代表大会上的报告》，人民出版社 2017 年版，第 63 页。

护好人民群众的利益，处理好国家、集体、个人三者之间的利益关系，紧紧团结在人民群众周围，始终着眼于人民群众最根本的利益与现实诉求，初心如一。再次，要不断提高政治执行力，勇于担当、敢于担当、善于担当，积极投身于社会主义建设事业之中，不断提高自身解决问题、破解难题的能力，努力作出无愧于党、无愧于人民的政绩。

### （二）坚持以党的创新理论凝心铸魂

伟大时代催生伟大思想，伟大思想引领伟大时代。"先进的思想文化一旦被群众掌握，就会转化为强大的物质力量"[①]。党的十八大以来，以习近平同志为核心的党中央不断深化对共产党执政规律、社会主义建设规律、人类社会发展规律的认识，着眼解决新时代改革开放和社会主义现代化建设的实际问题，围绕重大时代问题，"不断回答中国之问、世界之问、人民之问、时代之问"[②]，在新时代十年发展中展示了党中央治国理政开创新局面的风貌，使党和国家的事业取得了历史性成就、发生了历史性变革。新时代新征程，用党的创新理论凝心铸魂、以思想的高度统一促进意志和行动的统一，是在全面建设社会主义现代化国家新征程中充分发挥党的凝聚力、战斗力、创造力的应有之义，同时也是将 14 亿多中国人民紧密团结起来拧成一股绳、齐心协力干大事的必由之径。

坚持用马克思主义中国化时代化最新成果武装头脑。中国共产党为什么能，中国特色社会主义为什么好，归根到底是马克思主义

---

① 习近平：《在纪念马克思诞辰 200 周年大会上的讲话》，人民出版社 2018 年版，第 19 页。

② 习近平：《高举中国特色社会主义伟大旗帜　为全面建设社会主义现代化国家而团结奋斗——在中国共产党第二十次全国代表大会上的报告》，人民出版社 2022 年版，第 17 页。

行，是中国化时代化的马克思主义行。马克思主义作为人类文明的
"思想精华""活的灵魂"，不仅是指导我们认识世界、把握规律、
追求真理、改造世界的强大思想武器，同时也是指导我们在继承与
发展其哲学立场、观点和方法基础上续写 21 世纪马克思主义中国
化新版本的科学理论武器。党的十八大以来，以习近平同志为主要
代表的中国共产党人，在坚持"两个结合"的基础上科学回答了
新时代坚持和发展什么样的中国特色社会主义、怎样坚持和发展中
国特色社会主义等重大时代课题，创立了习近平新时代中国特色社
会主义思想，这一重要思想是当代中国马克思主义、二十一世纪马
克思主义，是中华文化和中国精神的时代精华，是党和人民实践经
验和集体智慧的结晶，是全党全国人民为实现中华民族伟大复兴而
奋斗的行动指南。迈步新征程，我们必须坚持不懈用习近平新时代
中国特色社会主义思想凝心聚魂，坚持学思用贯通、知信行统一，
将党的创新理论转化为认识世界和改造世界的强大物质力量，切实
从实践效能上彰显党的创新理论成果的指导价值，从而在实践创新
中拓展统一思想、统一意志、统一行动的深度与广度。

在理论创新基础上凝聚思想共识。理论创新绝不是天马行空、
随意臆测，也绝不是毫无根据的信口开河、标新立异，而是将坚持
马克思主义与发展马克思主义相统一，在实践基础上作出新的理论
创新。首先，理论创新要保持方向感。习近平总书记曾深刻指出，
马克思主义就是我们中国共产党人的"真经"，"真经"没念好，
总想着"西天取经"，就要贻误大事！因此，要进行理论创新，必
须要将党的二十大报告等重要讲话与二十一世纪马克思主义、当代
马克思主义相结合，引导党员干部在明道信道的基础上更加积极地
传道弘道。其次，理论创新要凸显时代感，既要把握时代特征，又
要立足中国实际，围绕重大现实问题、重大思想理论问题、重大实

践经验，将时代特征与广大人民群众创造历史伟业的思想结晶和智慧成果相结合，在理论凝聚共识中激发人民创造力。再次，理论要创新更要自强，通过构建中国特色哲学社会科学，持续拓展理论新事业、作出理论新概括，着力打造融通中外的话语体系，破解"有理说不出，说了传不开"的现实困境，最大程度消解沟通障碍、凝聚思想共识。

在统一思想基础上凝聚治国理政的实践力量。理论必须"有的放矢"才有真正的意义。只有将党的创新理论转化为实践效能，才能在党的实际工作中发挥作用。党的二十大报告系统论述了以中国式现代化全面推进中华民族伟大复兴的战略部署，这不仅是对党的理论创新成果的深刻总结，更是对新时代新征程党的中心任务作出的全面阐释。因此，我们要将党的最新理论成果内化为全党全国各族人民思想统一、意志统一、行动统一的思想基础，从而在指导实践创新发展中不断拓展中国式现代化的广度与宽度。

### （三）坚持以党的理想信念凝心聚力

理想信念是中国共产党人的政治灵魂与精神支柱，是实现"统一思想、统一意志、统一行动"的思想基础。习近平总书记指出："共产主义远大理想和中国特色社会主义共同理想，是中国共产党人的精神支柱和政治灵魂，也是保持党的团结统一的思想基础。"[①] 十月革命一声炮响，不仅开辟了俄国历史发展的新纪元，也给中国送来了马克思主义，同时还吸引了一大批在"国破山河落"的困境中寻求救国救民之道的进步青年和志士仁人走上了为实现社会主义、共产主义而奋斗的道路，推动了中国共产党的诞

---

① 习近平：《决胜全面建成小康社会 夺取新时代中国特色社会主义伟大胜利——在中国共产党第十九次全国代表大会上的报告》，人民出版社 2017 年版，第 63 页。

生。社会主义和共产主义理想信念也成为了中国共产党人的政治共识，并随着中国革命的不断深入，抽象为中国共产党人与全国人民紧密团结凝聚在中国共产党周围的思想基础，为党的不断发展壮大提供了源源不断的生命力、凝聚力和战斗力。立足新时代，坚持以党的理想信念凝心聚力要做到以下几点：

首先，要正确认识个人理想与中国特色社会主义共同理想的关系。从辩证法的角度看，个人理想与中国特色社会主义共同理想之间既存在共性又存在差异。个人理想代表了个人的自由意志和创造性，体现了对幸福美好生活的追求，而中国特色社会主义共同理想则代表了中国人民的集体利益和共同追求，是基于中国特殊的历史和现实条件下的综合性的社会理想。个人理想可以为中国特色社会主义共同理想的实现提供有益的支持和补充，中国特色社会主义共同理想也可以为个人理想的实现提供有力的保障，两者是相互联系、不可割裂的统一体。因此，党员干部只有将个人理想融入中国特色社会主义共同理想之中，决然摒弃"独善其身"的小格局，开放"家国一体"的大胸怀，将个人"小我"融入集体、人民和国家之"大我"之中，将个人的力量汇入民族振兴的力量之中，才能凝聚起全民族的强大力量，有力推动中华民族伟大复兴中国梦的实现。

其次，要在坚定理想信念中砥砺党的坚强意志，为实现中华民族伟大复兴汇聚起积极向上的正能量。实现社会主义、共产主义的理想，消灭资产阶级和其他一切剥削阶级的剥削制度，是迄今为止人类历史上未竟的事业，同时也是一场复杂尖锐的斗争，势必会受到资产阶级和其他一切剥削阶级的反抗。因此，我们一定要具有坚韧不拔的坚强意志，一定要勇于爬"雪山"、过"草地"，敢于征服"娄山关""腊子口"，在历经挫折中不断奋起，在历经苦难中淬火成钢，在不断奋斗、不断斗争中砥砺伟大复兴事业。

再次，要在坚定理想信念中彰显党的价值取向，增强党团结广大人民群众的凝聚力。"始终站在人民大众立场上，一切为了人民、一切相信人民、一切依靠人民，诚心诚意为人民谋利益。这是马克思列宁主义的根本出发点和落脚点。"[1] 人民群众作为创造和推动历史的实践主体，任何实践都是人民群众的实践。实现社会主义、共产主义理想信念不仅指明了人民群众的奋斗方向，更凝聚了人民群众的共同意志，成为不断引导人民群众推动实践发展的强大力量源泉。因此，中国共产党作为人民利益的坚决维护者，必须始终团结广大人民群众，运用社会主义、共产主义理想信念教育武装人民群众，提高人民群众的政治觉悟、激发人民群众蕴藏的极大积极性、主动性、创造性，从而将巨大的精神力量转化为巨大的物质力量，在团结奋斗中一步步将理想信念变为现实。

## （四）坚持以严密的组织体系为支撑

无产阶级政党组织体系建设是马克思主义政党建设的重要组成部分，是无产阶级联合起来战胜资产阶级、实现伟大使命的强大力量所在和物质基础。列宁曾指出：无产阶级政党"所以能够成为而且必然会成为不可战胜的力量，就是因为它根据马克思主义原则形成的思想一致是用组织的物质统一来巩固的，这个组织把千百万劳动者团结成一支工人阶级的大军"[2]。指明了只有建立起严密健全的组织体系，无产阶级政党才能够更加有力地整合人民群众，整合社会，形成有凝聚力、有战斗力的政党。对于中国共产党而言，严密的组织体系是党长期执政的基础，是党力量倍增的重要来源。

---

[1] 《马克思主义历史理论经典著作导读》，人民出版社 2013 年版，第 414 页。
[2] 《列宁全集》第 8 卷，人民出版社 1986 年版，第 415 页。

百年来，正是因为对组织体系建设的高度重视，党才能够在势单力薄的初创时期形成坚不可摧的伟大合力，从而在腥风血雨的战争环境中战胜国内外顽固的反动势力，成为一个释放着强大组织效能的团结统一的整体，带领中国人民夺取各个时期的伟大胜利。立足新的发展时期，我们必须更加重视党的组织体系建设，不断增强党的政治领导力、思想引领力、群众组织力、社会号召力，将党员组织起来，将群众动员起来，在统一思想、统一意志、统一行动中进一步推动党的事业从胜利走向新的胜利。

发挥民主集中制制度优势，夯实大党长期执政根基。"民主集中制是我们党的根本组织制度和领导制度。"① 一方面，民主集中制的制度化建设可以促进国家治理顶层设计和整体规划部署的有效协调，使各项制度相互结合、互动完善。另一方面，在民主集中制的制度原则下，以政党作为一个有力的政治组织能够更有效地动员与整合资源，从而在社会治理与制度变革的环节中形成有效机制。2017 年 2 月，习近平总书记在贯彻落实十八届六中全会精神专题研讨班开班式上曾指出，维护党中央权威和集中统一领导，同坚持民主集中制是一致的。② 这一论述不仅是对民主集中制的制度优势和实践效能的进一步拓展和延伸，同时也是破解大党"统一思想、统一意志、统一行动"难题的现实针对性对策。因此，我们要通过发扬党内民主，保障党员的民主权利，激发全体党员的积极性与创造性，同时还要通过正确集中，汇集集体智慧，统一全党意志和行动，为落实维护党中央权威和集中统一领导制度保驾护航。

重视党的组织建设，夯实党的组织根基。欲筑室者，先治其

---

① 《中共中央关于加强党的建设几个重大问题的决定》，人民出版社 1994 年版，第 8 页。
② 《以解决突出问题为突破口和主抓手推动党的十八届六中全会精神落到实处》，《人民日报》2017 年 2 月 14 日。

基。遵循马克思主义指导组织强党的实践给我们带来的启示之一是党员一定要参加党的一个组织，党组织必须是"一个由统一意志、统一行动、统一纪律团结起来的统一部队"①，才能有目标地领导工人革命。中国共产党之所以能够从筚路蓝缕到建功立业、壮大家业、守住伟业，靠的就是9800多万名党员、500多万个基层党组织唇齿相依、攻坚克难。因此，首先我们要严密党的组织体系。只有严密党的组织体系，才能构建一种能凝聚、引导党员思想的价值理念，在全党实现思想的高度统一，进一步保证党的路线方针政策在党的组织体系各个层级都能得到坚决贯彻落实。其次，要将党的组织建设置于党的系统工程中展开，切实提高基层党组织的组织力，将广大党员群众凝聚、团结在党的周围。再次，要重视党的基层组织建设。基层党组织是党的肌体的"神经末梢"，是党的执政之基和战斗堡垒，是党密切联系群众的桥梁。因此，要通过凝聚组织意志、增大组织体量、提高组织质量，将新时代的基层党组织建到网上、建到产业链上，使基层党组织越来越成为贯彻党的决定、领导基层治理、团结动员群众的坚强战斗堡垒。

### （五）坚持以团结奋斗为破题的关键所在

"积力之所举，则无不胜也；众智之所为，则无不成也。"坚持团结奋斗是使命所在，也是破局所需。当前正经历百年未有之大变局，世界进入新的动荡变革期，我们党肩负着更加重大的时代使命、面临着更加艰巨的风险挑战。要使党像"铁一样地巩固起来"，就必须要在党的领导下，"像石榴籽一样紧紧抱在一起"，既讲奋斗的决心与意志，又讲奋斗的策略与本领，既要同心同向、众

---

① 中共中央马克思恩格斯列宁斯大林著作编译局编：《联共（布）党史简明教程》，人民出版社1975年版，第51页。

志成城，敢于斗争、善于斗争，又要在初心不改、矢志不渝中，淬炼团结奋斗的品格，形成开创新时代勇往直前、无坚不摧的强大力量，推动中国实现从站起来、富起来到强起来的历史性飞跃。

坚持团结奋斗，首在学深悟透习近平新时代中国特色社会主义思想，坚持以党的创新理论指引团结奋斗的正确方向、激发团结奋斗的精神动力、解决团结奋斗的各种难题，真正做到知信行统一。学深悟透习近平新时代中国特色社会主义思想，要准确把握蕴含其中的主要内容与世界观和方法论，体悟好其中的理论品格、精神气质和思想方法，以坚定的理想信念、真挚的为民情怀、高度的历史自信、无畏的担当精神，为实现团结奋斗注入强大的精神动力，解决好奋斗过程中遇到的各种难题。

坚持团结奋斗，重在发展统一战线，形成破解"难题"的强大合力。统一战线是党克敌制胜、执政兴国的关键一招，也是团结海内外全体中华儿女实现中华民族伟大复兴的重要法宝。从统一战线内部看，随着社会结构的深刻变化，新的社会阶层、社会群体不断涌现，党和国家事业迫切需要将他们纳入工作视野、密切联系增进共识，不断厚植党的执政基础。因此，我们要深刻把握习近平总书记关于"三个更加重要"的战略判断，充分认识统一战线的重要地位和作用，团结一切可以团结的力量，在处理好一致性和多样性关系的同时，寻求共识、增强互信，努力寻求最大公约数、画出最大同心圆，推动各党派团体和各族各界人士不断增进对中国共产党和中国特色社会主义的政治认同、思想认同、理论认同、情感认同，最大限度地凝聚起团结奋斗的力量。

坚持团结奋斗，贵在敢于斗争、善于斗争，以对党高度负责的精神正视与直面有害于党的集中统一领导的言行，在整合人心、凝聚共识的基础上实现党的集中统一领导。当前，新旧矛盾和问题彼此交织，有形斗争和无形较量轮番博弈，可以预见的风险和不可预见的挑战接踵而至，我们面临的风险与挑战一点也不会比过去少，只会越来越复杂，甚至会遇到更为难以想象的惊涛骇浪。因此，在推进中国式现代化的路上，我们必须正视风险、不惧挑战，敢于斗争、善于斗争，在栉风沐雨中不断铸就打不倒、压不垮的马克思主义政党。首先，我们必须把握好斗争与团结的关系，一方面讲团结敢斗争，在原则问题上不含糊、不退让；另一方面善斗争促团结，以"团结—批评—团结"的公式，"从团结的愿望出发，经过批评或斗争，在新的基础上达到新的团结。"① 其次，要发扬斗争精神、增强斗争本领。"历史证明，以斗争求安全则安全存，以妥协求安全则安全亡；以斗争谋发展则发展兴，以妥协谋发展则发展衰"。② 因此，我们更要牢牢把握团结奋斗的时代要求，不断增强斗争本领，在斗争中学会斗争，在斗争中成长提高，努力成为敢于斗争、善于斗争的行家里手，以毫不懈怠的斗争精神奋力谱写新时代中国特色社会主义更加绚丽的华章。

---

① 《邓小平文选》第二卷，人民出版社 1994 年版，第 210 页。
② 习近平：《为实现党的二十大确定的目标任务而团结奋斗》，《求是》2023 年第 1 期。

# 第三章 如何始终具备强大的执政能力和领导水平

　　在党的二十大报告中，习近平总书记提出了"大党独有难题"这一重要论断。在二十届中央纪委二次全会上论述一刻不停推进全面从严治党时，习近平总书记将"大党独有难题"明确为"六个如何"。大党独有难题的提出彰显了我们党作为百年大党居安思危的忧患意识和着眼未来的政治清醒、战略自觉。其中，"如何始终具备强大的执政能力和领导水平"是"大党独有难题"的重要方面，其事关党的执政地位的稳固，事关中国特色社会主义事业的发展。从历史的探究与考察中我们也可以发现，曾经在世界上长期执政的大党、老党，由于在执政业绩光环下忽视了执政能力和领导水平的提升，最终导致自身陷入危机、丢失了执政资格。由于注重自身执政能力和领导水平的提升，党始终发挥着总揽全局、协调各方的领导核心作用，从而也确保了各项事业的顺利推进。党的十八大以来，虽然我们解决了许多过去长期想解决而没有解决的难题、办成了许多过去想办成而没有办成的大事，但是随着改革的深入，一系列新的问题又摆在我们面前，这对我们党的执政能力和领导水平提出了新的要求。党的二十大报告指出："全面建设社会主义现代化国家、全面推进中华民族伟大复兴，关键在党。"① 只有不断提高执政能力和领导水平，才能确保我们党始终保持旺盛的生命力和强大的战斗力，才能回答好时代命题、回应人民呼唤。

## 一、提高执政能力和领导水平是无产阶级政党重要的使命任务

执政能力和领导水平历来是我们党在推进自身建设中十分关注的一个重要问题。这不仅源于对马克思主义政党建设思想的深度把握，更是基于对百年革命、建设和改革实践的深思与总结。注重并不断推进自身建设使得我们党展现出强大的执政能力和领导水平，从而带领全体中华儿女跨过了一个个险滩、取得了一个又一个辉煌的成就，中华民族也迎来了从站起来、富起来到强起来的伟大飞跃。执政能力和领导水平作为百年大党独有难题的重要方面，作为关乎执政地位和国家建设发展的重大课题，必须从战略高度去认识

---

① 习近平：《高举中国特色社会主义伟大旗帜　为全面建设社会主义现代化国家而团结奋斗——在中国共产党第二十次全国代表大会上的报告》，人民出版社 2022 年版，第 63 页。

这一问题。从建党之初的 50 多名党员，到今天拥有 9800 多万名党员、肩负带领 14 多亿人口实现民族复兴的世界第一大执政党，面对错综复杂的国内外环境以及深化改革的目标任务，只有与时俱进，提高自身的执政能力和领导水平，才能有效应对内政外交的一系列问题，才能有效化解各类风险挑战、赢得人民群众的拥护和支持，才能推动中国特色社会主义事业航船不断前进。

### （一）"始终具备强大的执政能力和领导水平"的提出彰显着对马克思主义政党建设思想的深化和创新

"始终具备强大的执政能力和领导水平"这一理念的提出不是无根之萍、无源之水，其具有着严密、完整的理论逻辑，体现着对马克思主义政党建设思想的继承与发展。在马克思和恩格斯的不懈努力下无产阶级政党学说得以确立，并成为引导世界工人运动和社会主义国家开展相关建设的重要理论武器。在马克思主义经典作家的著作中虽然没有对无产阶级领导水平和执政能力进行清晰的概念界定，但在诸多的论述中都提及了要加强无产阶级政党的领导、推进无产阶级政党建设等，这些为提升党的执政能力和领导水平提供了重要的理论依据与支撑。确保无产阶级的领导地位是论及马克思主义政党建设的根基和前提，没有领导权、领导地位，各项建设就无从谈起。在汲取人类思想精华的基础上，结合国际工人运动的实际，马克思和恩格斯对无产阶级领导地位的认识不断加深，认为要想获得社会革命的胜利，"无产阶级这样组织成为政党是必要的"[①]。在实践的不断发展中，马克思和恩格斯进一步提出，无产阶级必须加强对其同盟军的领导。

---

① 《马克思恩格斯文集》第 3 卷，人民出版社 2009 年版，第 228 页。

随着第一个无产阶级专政的社会主义国家的建立，由于身份和地位的转变，在关注无产阶级领导权和领导地位的同时，列宁和斯大林开始着眼无产阶级政党的执政能力和领导水平的提升。列宁和斯大林认为，要解决好执政过程中党和国家面临的一系列问题，无产阶级政党必须实现执政能力与领导水平的与时俱进。面对党员干部能力不足从而限制了苏维埃政权和无产阶级政党发展的问题，列宁指出，"一个文盲的国家里是不能建成共产主义社会的"①，并通过将具有组织管理能力的人选拔到管理岗位、提升党员干部的业务知识和素养等一系列有效手段，助力了无产阶级政党执政能力与领导水平的增强。在开展社会主义建设的过程中，斯大林对相关的问题进行了进一步的理论阐释与丰富。斯大林认为，无产阶级政党的执政能力和领导水平关乎社会主义事业的推进与发展，为了更好实现工业化的目标，"必须造就新的干部，新的工业建设干部"②。

无产阶级政党执政能力和领导水平的提升是一个系统、复杂的问题，具有紧迫性和十分重要的现实意义。马克思主义理论是一个不断发展的理论。面对国内外复杂多样的新形势、新情况和新变化，习近平总书记关于党的执政能力和领导水平问题的重要论述涉及政治、经济、文化等事关改革发展稳定、内政外交的诸多领域诸多方面，是对马克思主义政党建设思想的丰富和发展，体现了对共产党执政规律、社会主义建设规律、人类社会发展规律的认识的深化。

---

① 《列宁选集》第4卷，人民出版社2012年版，第294页。
② 《斯大林选集》（上），人民出版社1979年版，第474页。

## （二）"始终具备强大的执政能力和领导水平"的提出体现着新时代中国共产党人对历史的传承与发展

党的执政能力和领导水平提升的问题是一个历史性的课题。作为在马克思主义指导下成立的无产阶级政党，中国共产党自成立之日起就始终把本领的提升和增强作为自身建设的重要内容之一。在革命、建设、改革的历史进程中，依据各个时期不同的外部环境特点、主要矛盾和任务目标等，我们党通过思想教育、技能培训、制度建设等一系列有效手段，实现了自身领导能力和执政水平的不断提升。同时也据于此，我们党带领人民实现了各项工作的顺利推进，取得了辉煌的业绩。经过长期的探索与实践，我们更加明晰了始终具备强大的执政能力和领导水平的重要意义。

只有不断增强自身的本领才能更好践行初心和使命。为中国人民谋幸福、为中华民族谋复兴是中国共产党人的初心和使命。新民主主义革命时期，面对推翻三座大山的历史任务，以毛泽东同志为主要代表的中国共产党人在重视党的领导的基础上，就党的本领与能力的提升提出了自身独特的见解，毛泽东同志就曾经指出，"我们队伍里边有一种恐慌，不是经济恐慌，也不是政治恐慌，而是本领恐慌"①。在这一时期以问题为导向，通过加强思想建设、推行民主集中制等，队伍的整体素质和能力得到不断增强。特别是在中央苏区和陕甘宁边区局部执政的探索，为新中国成立以后的执政提供了重要的参考和借鉴。

新中国成立后，我们更加重视党的执政能力和领导水平提升的问题。经过长期的革命斗争，我们夺取了全国的胜利，成为执政

①《毛泽东文集》第二卷，人民出版社 1993 年版，第 178 页。

党，但这只是万里长征的第一步。我们不仅面临巩固新生政权的重要任务，同时，由于连年战争的破坏，我们亟须在经济建设中有所作为。这对我们党的执政能力和领导水平提出了新的要求。为此，党中央提出，要通过认识价值规律，提升管理经济工作的能力；加强科学文化知识的学习；注重领导方法；善于区分两类不同性质的矛盾，正确处理好人民内部矛盾；健全党委制；善于学习国外经验等适时的方针政策，这有效提升了我们党处理国际国内事务的能力。

改革开放以来，我们进一步推动党的执政能力和领导水平的科学化、制度化发展。鉴于"文革"的教训和面临的实行改革开放、推进中国特色社会主义现代化建设的目标任务，党中央提出党员干部要提升驾驭社会主义市场经济的能力，并作出了改革党和国家领导体制的重大决定；面对社会主义市场经济发展过程中党员队伍存在的一些问题和苏联解体、东欧剧变带来的影响，党中央一方面要求不断增强拒腐防变的能力，另一方面要求提升敏锐感知形势变化、总揽全局、协调各方的能力；新世纪，面对新的变化，党中央要求将科学发展观落实到党的建设的各个方面、各个环节，并鲜明地提出了科学执政、民主执政、依法执政的目标要求。同时，通过出台《中共中央关于加强党的建设几个重大问题的决定》《中共中央关于加强党的执政能力建设的决定》等一系列文件，实现了党执政能力和执政水平的新飞跃。

习近平总书记曾经指出："我一直在思考一个问题，这就是：我们中国共产党人能不能打仗，新中国的成立已经说明了；我们中国共产党人能不能搞建设搞发展，改革开放的推进也已经说明了；但是，我们中国共产党人能不能在日益复杂的国际国内环境下坚持住党的领导、坚持和发展中国特色社会主义，这个还需要我们一代一代共产党人继续作出回答。"① 面临各类风险挑战，只有全面提升党的执政能力和领导水平，才能适应新时代的新要求，才能带领全体人民开创更加美好的未来。

### （三）"始终具备强大的执政能力和领导水平"的提出具有重要的现实意义

党政军民学，东西南北中，党是领导一切的。如何增强执政能力、提升领导水平，是我们党作为一个执政党必须要面对的一个重要问题。党的十八大以来，面对急剧变幻的国际国内局势，以习近平同志为核心的党中央，不仅要求全党"改进党的领导方式和执政方式，保证党领导人民有效治理国家"②，还通过切实有效的举措解决了党的领导弱化、能力和水平不足等一系列问题。百年征程中，中国共产党以自身强大的执政能力与领导水平，带领中国人民取得了革命、建设和改革的伟大胜利，推动了国家经济的发展与政治的稳定，推动中国特色社会主义事业不断前进。但是我们仍要清晰地意识到，当前我们党面临着错综复杂且异常严峻的内外部环境的考验与挑战，党的自身建设任务依然在路上，党的执政能力与领导水平的提高是应对当前发展环境的现实需要。

严峻复杂的国际环境对党的执政能力与领导水平提出了挑战。西方霸权主义强权政治的渗透与颠覆活动依然存在。虽然世界多极化不断发展，但是一些西方国家仍乐此不疲地致力于推行霸权主义与强权政治，挑起国际争端，以谋求维持自身的世界霸主地位。近

---

① 《习近平关于总体国家安全观论述摘编》，中央文献出版社 2018 年版，第 23 页。
② 习近平：《决胜全面建成小康社会　夺取新时代中国特色社会主义伟大胜利——在中国共产党第十九次全国代表大会上的报告》，人民出版社 2017 年版，第 37 页。

代以来，西方的某些国家凭借自身经济与军事实力的优势，肆意干涉他国内政，在全世界宣扬西方的价值观与政治模式，大搞"和平演变"致使东欧剧变、苏联解体；长期在委内瑞拉、巴拿马及中东其他国家进行情报渗透和颠覆活动，协助反动派策动政变，严重干涉他国内政；在意识形态、涉台、涉港、涉疆、涉藏等问题上干涉我国内政。如今，中国的综合国力与国际影响力一步步提升。走社会主义道路的中国却被西方一些国家视为撼动其国家地位的最大威胁者，为长期保持自身的霸权地位，这些西方国家更加剧了对我国的颠覆活动，用他们所谓的西方民主、人权等价值观打压、批判我国的社会主义制度与社会主义道路，策动"颜色革命"，变本加厉地干涉我国内政，向台湾出售军火武器，佩洛西窜台与台官方交往、制造争端阻碍两岸和平统一，利用"台独""港独""藏独"等不法分子制造争端、利用互联网进行意识形态输出……世界正经历百年未有之大变局，国际形势的不稳定不确定性因素增多。国际格局正在加速演进，中国与世界的关系越来越密切，世界形势的变化影响着中国。经济全球化的负面影响外溢，贸易摩擦、贸易壁垒等问题突出，且加之新冠疫情的影响，全球经济下行压力增大，这样的世界经济形势给中国经济的发展带来了巨大的压力。此外，当今世界的国际局势日益严峻，阿富汗战争、也门内战、俄乌冲突等局部冲突与战争时有发生。社会主义意识形态与资本主义意识形态的斗争也异常激烈。如何在这样严峻的环境中防范外部环境带来的负面效应，维持我国的稳定与发展，对中国共产党来说是一个严峻的挑战。

党的执政能力与领导水平的提高是党应对当前错综复杂国内环境，承担时代使命的重要措施。当前我国的国内情况也是复杂多变的，社会主要矛盾发生重大变化，人民对美好生活的需要同不平衡不充分的发展之间的矛盾突出。经济由高速增长转变为高质量发展，如何在提高质量和效益的同时保持经济稳定增长；经济快速发展带来的贫富差距的扩大，如何让发展成果由人民共享，让发展朝着更加普惠的方向发展；区域之间、城乡之间、行业领域之间的发展差异问题突出，如何在经济发展下更好地解决发展不平衡的问题；环境压力较大，环境污染和环境破坏问题依然存在，如何实现经济发展和保护生态环境的平衡，老年人口比重加大，如何推动老龄化事业与老龄产业的健康发展，将积极的老龄观、健康的老龄化理念融入经济社会发展的全过程又是一大挑战，这些问题的解决都有赖于党中央的坚强领导。经济基础决定上层建筑，上层建筑又反作用于经济基础。随着经济改革的不断深入，必须要求加快推进我国政治体制的改革。积极稳妥地推进政治体制改革，以完善的政治体制推动我国经济的发展。党的自身建设依然存在许多薄弱环节。办好中国的事情关键在党，习近平总书记指出，"在长期执政条件下，各种弱化党的先进性、损害党的纯洁性的因素无时不有，各种违背初心和使命、动摇党的根基的危险无处不在"①。党的十八大以来，全面从严治党取得历史性成绩，反腐败斗争取得压倒性胜利并得到巩固。但是在新的执政环境下，我们党的自身建设还有很大改进空间。中国共产党作为一个长期执政的马克思主义大党，如何管理好具有 9800 多万名党员的复杂队伍，统一党内思想，提高党员干部的能力与水平，彻底铲除滋生腐败问题的土壤、警惕形式主义，官僚做派，始终保持党的纯洁性与先进性，提高党的执政能力与领导水平是当前我们党自身建设所面临的重要问题。当前我国正

---

① 中共中央党史和文献研究院、中央"不忘初心、牢记使命"主题教育领导小组办公室：《习近平关于"不忘初心、牢记使命"论述摘编》，党建读物出版社、中央文献出版社 2019 年版，第 179 页。

处于实现中华民族伟大复兴的关键时期，党的二十大提出了以中国式现代化全面推进中华民族伟大复兴的宏伟蓝图，中国共产党作为中国特色社会主义事业的领导核心，自然肩负实现中国梦的时代重任与历史使命。

复杂严峻的国内外环境，未来风高浪急甚至惊涛骇浪的重大考验，实现中华民族伟大复兴的时代重任，都对我们党不断提高自身的执政能力与领导水平提出了现实要求，我们党在政治领导、科学发展、依法执政、群众工作等方面的本领仍需不断强化。坚持党中央的集中统一领导是当下中国深化改革、推进发展过程中最高的政治原则，没有党的领导，中国特色社会主义现代化建设和中华民族的伟大复兴必然是空谈。

## 二、"始终具备强大的执政能力和领导水平" 内含着对长期执政与建设发展的深度忧思

中国共产党成立百余年，执政 70 余年，是一个名副其实长期执政的大党。"如何始终具备强大的执政能力与领导水平"是我们党作为一支长期执政的马克思主义政党要始终思考的一个问题。回望历史，在一代代中国共产党人的接续奋斗下，党和人民事业不断从胜利走向胜利，我们步入了经济快速发展、社会长期稳定的新时代。但是承平日久，在执政业绩光环的照耀下，就容易丧失危机意识，安于现状，我们党要十分警惕与借鉴苏联共产党、墨西哥革命制度党这样的大党老党丧失政权的经验教训，以党自身的建设，不断提高长期执政的能力与领导水平，走出"其兴也勃焉，其亡也忽焉"的历史周期率。同时带领中国人民在新的历史条件下根据党的二十大提出的社会主义建设和发展的新的历史任务，以中国式

现代化全面推进中华民族伟大复兴、实现建设富强民主文明和谐美丽的社会主义现代化强国的奋斗目标。在这个机遇与挑战并存的时代，不断提高党的执政能力与领导水平，以党自身的发展推动中国特色社会主义事业的前进，是未来我们党治国理政过程中破解难题的关键所在。

### （一）"始终具备强大的执政能力和领导水平"是破解治乱兴衰的重要路径

回望近代以来国际政治运动实践历程，不难发现有些曾长期在一些国家或地区执政几十年的大党、老党在风云变幻中逐渐丧失执政地位甚至走向亡党亡国的绝境。在这些惨痛的事实中，我们不难发现，执政党在执政过程中的能力不够、水平不足是世界大党普遍容易出现的问题，也是其政党走向衰落，丧失执政地位的重要原因之一。苏共作为世界上第一个社会主义国家的执政党，其在拥有 20 万名党员时夺取了政权，拥有 200 万名党员时打败了希特勒，在社会主义发展中取得过辉煌的成绩，然而却在拥有近 2000 万名党员时失去了政权。执政期间个人集权制、任期终身制模式僵化；高度集中和集权体制僵化；贪污腐败党风日下；改革起步晚，急于求成，社会矛盾激化，政治改革削弱和放弃苏共领导地位。作为执政党的苏共一步步改旗易帜、背离了社会主义路线，背弃了马克思主义信仰和宗旨，最终使其从立国之党走向了亡党亡国的窘境。1929 年成立的墨西哥革命制度党曾长期执政 71 年之久。凭借自身的执政能力和领导水平避免了拉美各国遭遇的军阀混战与军人干政，成功地维持了墨西哥政治经济的稳定与长远发展。但在长期执政中却背离了革命的方向和建党原则、指导思想混乱意识形态出现偏差、党内外监督机制缺乏、贪污腐败争权夺利现象层出不穷，没有保持住初期的励精图治、承平时期的敬终如始，最终也没有摆脱"其兴也勃焉，其亡也忽焉"的历史周期率。成立于1885年的印度国大党，带领印度人民摆脱了英国殖民统治，实现了民族独立和人民解放。印度独立后，国大党前后执政长达45年的时间。但是国大党执政后，长期没有制定出反映印度生产力发展要求的方针政策，致使印度独立后经济发展不景气；意识形态紊乱；贫富分化悬殊；贪污腐化现象严重；面对严重的种族派别冲突，社会治安状况恶劣的现状，束手无策。从1996年开始，国大党在多次大选中失利，使国大党在印度国内逐渐走向了衰落。成立于1995年的日本自民党连续执政38年，执政期间金权丑闻接连不断，政治腐败侵蚀自民党根基，最终于1993年大选中败北。夺回政权后又于2009年8月30日举行的众议院选举中再次遭遇历史性惨败，第二次下野。从世界政党政权的更迭中我们不难发现，执政党的执政能力和领导水平的高低直接关乎着党的长期执政、经济的长足发展、社会的平稳运行、国家的长治久安。

不同于其他大党，中国共产党一步步走来，从局部执政到全面执政，从革命胜利到社会主义现代化建设，都始终注重党员队伍的建设，特别是党员干部的能力与水平的提高。早在延安时期，毛泽东同志就提出了"本领恐慌"，并且要求全党，边学边干，在战争中学习战争，在实践中增长才干，注重自身本领的提高。在城市中心论在中国行不通时主动转战农村，探索农村包围城市、武装夺取政权的道路。后又在社会主义革命和建设的初步探索时期，根据民族资产阶级的两面性和当时国内外环境背景，采用和平方式，平稳地过渡到社会主义。改革开放之初，邓小平同志就十分重视党的执政能力这一问题，并提出"不好好研究这个问题，不解决这个问题，坚持不了党的领导，提高不了党的威信"①。邓小平同志在提出经济体制改革任务的同时，也深入思考政治体制改革的问题，强调始终保持党和国家的活力、克服官僚主义、发展民主，开辟了中国特色社会主义道路，稳固了党的执政地位。以江泽民同志为核心的党的第三代中央领导集体，站在世纪交替的历史高度，在东欧剧变苏联解体、西方国家"和平演变"、世界向多极化趋势发展、天下很不太平的大背景下，始终一步步推进党的建设新的伟大工程，围绕长期执政这一问题不断提高执政能力和领导水平，捍卫了中国特色社会主义伟大事业，成功把中国特色社会主义推向 21 世纪。以胡锦涛同志为总书记的党中央，面对世情、国情、党情的变化给党的建设带来的新问题，始终围绕提高党的领导水平和执政水平、提高拒腐防变和抵御风险的能力这两大历史性课题，不断探索党执政的科学化，保持党的先进性，在巨大的压力下保持了我国政治、社会与经济的稳定。进入新时代以来，面对党内存在的认识模糊、行动力缺乏，党员干部信仰不坚定，形式与官僚主义突出，特权与腐败现象严重等问题，以习近平同志为核心的党中央以强大的政治勇气深入推进全面从严治党，坚定不移地推进反腐斗争，党在自我革命中锻造得更加坚强有力。党的坚强领导与高超的执政能力，带领中国人民打赢脱贫攻坚战，全面建成了小康社会。百余年来，党领导人民迎来了从站起来、富起来到强起来的伟大飞跃，以强大的政治勇气与政治定力，始终坚持走中国特色社会主义道路，推进了中国特色社会主义事业不断向前发展，取得的这一系列成就都彰显了我们党始终坚持打铁还需自身硬的理念，不断提高党的执政能力和领导水平的价值和意义。

---

① 《邓小平文选》第二卷，人民出版社 1994 年版，第 271 页。

　　然而，一个政党特别是一个长期执政的大党，随着时间的推移，承平日久就容易丧失危机意识，安于现状，不思进取，难以保持创业初期的励精图治，从而陷入治乱兴衰的困境之中。经过百年风雨洗礼，截至 2022 年底，中国共产党的党员数量从建党之初的 50 多名达到了 9800 多万名，党的基层组织已达到 500 多万个，成为了当今世界第一大马克思主义执政党。大就要有大的样子，大也有大的难处。在百年的奋进中，我们党带领全国各族人民创造了经济快速发展与社会长期稳定的"两大奇迹"。面对辉煌与成就，习近平总书记告诫全党："这么大一个党，处在执政地位、掌控执政资源，很容易在执政业绩光环的照耀下，出现忽略自身不足、忽视自身问题的现象"①。在庆祝我们取得的辉煌成绩时，更要清楚地认识到我们自身还存在一些与时代发展不匹配、不适应的地方，发展不平衡不充分问题依然突出、科技创新能力还有待提高、信息化网络化下西方意识形态渗透加强、金融与公共卫生风险防范能力不足、收入差距拉大、党员干部担当意识斗争本领有待加强、形式主义官僚主义问题依然存在。且在新时代新征程中我们党面临的"四大考验"，即执政考验、改革开放考验、市场经济考验、外部环境考验，"四种危险"，即精神懈怠的危险，能力不足的危险，脱离群众的危险，消极腐败的危险，也将长期存在。中国共产党要经受住"四大考验"，化解"四种危险"，跳出黄炎培先生提出的"其兴也勃焉，其亡也忽焉"的历史周期率，在世界百年未有之大变局加速演进、不确定难预料因素增多、各种矛盾风险挑战加大，面临风高浪急甚至惊涛骇浪时，应对和战胜前进道路上的各种风险挑战，就要求我们党必须进一步增强忧患意识，

_____

　　① 习近平：《论坚持全面深化改革》，中央文献出版社 2018 年版，第 327 页。

坚持问题导向，保持战略定力，克服党自身建设中存在的不适应新形势新任务新要求、不符合党的性质和宗旨的问题，跳出执政思维惯性的怪圈，紧紧把握时代的脉搏，依据实践发展不断提高党的执政能力和领导水平，建设长期执政的马克思主义政党，带领中华民族稳步走在社会主义发展道路上，保证中国特色社会主义事业行稳致远。

## （二）党的执政能力和领导水平关乎建设发展的全局

党是中国特色社会主义事业的领导核心，正是在党中央的坚强领导下，中国革命才得以一步步走向成功，中国特色社会主义建设和改革开放的伟大事业才得以不断向前推进。从邓小平同志"三步走"现代化战略到党的十五大新"三步走"战略部署再到党的十九大全面建设社会主义现代化国家的新"两步走"战略安排；从总体小康到全面建成小康社会；从扶贫开发精准脱贫到打赢脱贫攻坚战全面脱贫；经济总量排名从十名开外到 2010 年超过日本成为第二大经济体；从富强民主文明的社会主义现代化国家到富强民主文明和谐的社会主义现代化国家再到富强民主文明和谐美丽的社会主义现代化强国；从载人航天到空间站；从高铁、高速到海港、发电；从 5G 到东数西算；从恢复联合国合法席位到"一带一路"、中亚峰会。我们国家在中国共产党的坚强领导下一步步走向政治昌明、社会稳定、经济发展、人民幸福的中华民族伟大复兴的康庄大道上。党通过自身建设，极大地激发和释放了社会的活力，促进中国特色社会主义事业有序推进。

党的二十大的召开，擘画了以中国式现代化全面推进中华民族伟大复兴的宏伟蓝图，蓝图的实现对党的执政能力和领导水平提出新的更高要求。党的领导是全面建设社会主义现代化国家、全面推进中华民族伟大复兴的根本保证。始终提高党的执政能力与领导水平事关我国建设发展的全局。

我国是一个拥有 14 多亿人口的超级大国，作为无产阶级执政党，肩负着领导 14 多亿人口全面建成社会主义现代化强国，以中国式现代化全面推进中华民族伟大复兴的目标任务。人是社会发展的主体，是物质财富与精神财富的创造者，人才是社会发展的第一动力，发展要依靠人民群众。但是如何将 14 亿多人口的力量凝聚起来，将分散的人力资源聚合起来，就需要发挥中国共产党的领导核心作用。我们党始终注重发挥人民群众在社会主义建设中的力量。新民主主义革命时期，党在国共合作中探索出以工农联盟为基础的人民群众是中国的主要力量，抗日战争时期我们党实施"三三制"，到社会主义建设时期提出调动一切积极因素为社会主义建设服务，新时代又探索出一条全过程人民民主的道路。但是在新的形势下，如何把这样一个人口规模巨大的发展中国家领导好、建设好，如何探索出发挥和凝聚人民群众巨大力量的新道路，我们党就必须能够始终把握历史主动，时刻保持战略上的清醒。

在我国社会发展成果最终是要实现全体人民共享，而非少数人独有的。邓小平同志曾经指出，"社会主义最大的优越性就是共同富裕"①。习近平总书记也强调："实现共同富裕是社会主义的本质要求，是党和政府的重大责任。"② 然而，我们的共同富裕并不等于平均主义，也不是同步富裕，更不是劫富济贫，我们走的是一条允许一部分人、一部分地区先富起来，然后先富带后富的道路。在党的十九大报告中，习近平总书记指出："我国社会主要矛盾已经

① 《邓小平文选》第三卷，人民出版社 1993 年版，第 364 页。
② 习近平：《在全国脱贫攻坚总结表彰大会上的讲话》，人民出版社 2021 年版，第 13 页。

转化为人民日益增长的美好生活需要和不平衡不充分的发展之间的矛盾。"① 当前我国社会生产力水平总体上显著提高，但是发展不平衡不充分的问题依然突出，城乡差异、区域差异、收入差距等问题严重影响了人民群众美好生活的幸福感与满足感。如何在把"蛋糕"做大的同时分好"蛋糕"，实现共同富裕是一个长期的历史过程，道阻且长，不可能一蹴而就，面对这样一个艰巨的历史任务，需要我们党发挥领导核心作用团结带领全国各族人民一道为实现共同富裕的目标努力。

我们面临着推动构建物质文明和精神文明相协调的艰巨任务。我们最终要实现的共产主义社会是"物质财富极大丰富，人民精神境界极大提高，每个人自由而全面发展的社会"②。中国共产党始终非常注重物质文明与精神文明的协调发展，邓小平同志就提出要一手抓物质文明建设，一手抓精神文明建设。物质文明与精神文明是相互促进、相辅相成的，前者是后者的基础，后者的发展又反过来推动前者的进步。物质生活资料极大丰富是现代化的题中应有之义，但是精神世界的丰盈与满足也是社会主义国家人民的一个重要特征。我们所培养的不是只注重物欲满足与享受，精神贫瘠的"单向度的人"，我们追求的是物质富足与精神富有的全面发展的人。

纵观西方资本主义国家的"发家史"，不难发现其在工业化、城市化过程中牺牲生态环境成为常态，经济向前发展，生态环境却反向倒退。我国社会主义建设发展过程中也曾出现过因过多关注经济建设而忽视环境保护的问题，但是我们党以自身敏锐的洞察力与

---

① 习近平：《决胜全面建成小康社会　夺取新时代中国特色社会主义伟大胜利——在中国共产党第十九次全国代表大会上的报告》，人民出版社 2017 年版，第 11 页。

② 江泽民：《论"三个代表"》，中央文献出版社 2001 年版，第 177 页。

强大的执政能力坚决遏制住了生态环境破坏的势头，坚持走可持续发展道路，生态环境保护发生转折性变化。从"既要金山银山，又要绿水千山"到"绿水青山就是金山银山"的理念的转变体现党对生态环境保护认识达到了一个新的高度。人与自然是休戚与共的。近年来，我国生态环境保护取得显著成绩，碳达峰碳中和目标稳步推进，但是资源短缺、环境污染、生态破坏等突出的环境问题依然突出。环境治理与保护既是我国面临的巨大问题也是事关全球发展的国际问题，我国努力做国际环境安全的积极倡导者与践行者，如何实现人与自然的和谐共生对我们党提出了更高的要求。

如何在严峻的国际形势中始终坚持走和平发展道路，考验着我们党的执政能力。我们不走有些国家通过侵略、奴役、掠夺等方式实现发展的老路，始终奉行和平发展道路，承诺永远不结盟，永远不称霸。在新冠疫情全球肆虐的环境下，派遣医疗专家组前往哈萨克斯坦、缅甸、老挝、委内瑞拉等国；向布隆迪、伊拉克、柬埔寨、老挝等多个国家援助疫苗和医疗物资；推动共建"一带一路"，让其他国家搭上中国发展的快车；致力于推动俄乌冲突和平解决……当今世界正经历百年未有之大变局，霸权主义强权政治突出，局部国际争端不断，国际局势紧张，在这样复杂的国际形势下，中国共产党作为执政党在维护本国的根本利益，维护我国的和平统一与国家安全的同时，积极倡导世界和平与发展，促进国际争端以和平方式解决中肩负着更大的责任与使命担当。

以提高党的执政能力与领导水平来应对各种风险挑战。当前我们面临着严峻复杂的发展环境，从国际形势看，我们正处于世界百年未有之大变局，新冠疫情风险依然严重，霸权主义、强权政治，逆全球化浪潮风险加剧，国际形势不稳定性不确定性增加，我国面临前所未有的风险挑战。从国内发展来看，当前我国正处于实现中华民族伟大复兴的关键时期，社会主要矛盾发生变化，矛盾风险挑战增多，改革稳定任务加重，对我们党的执政能力的考验前所未有。从党的自身建设看，官僚主义形式主义依然存在、"本领恐慌"等问题又一次突出地摆在中国共产党面前。作为责任在肩的马克思主义执政党，党执政能力的增强、领导水平的提高对我国建设发展至关重要。办好中国的事情，关键在党。加强党的建设，是保证中国各项事业发展的定盘星、压舱石。站在新的历史起点上，我们比任何时期都更加接近中华民族伟大复兴的中国梦，也更有信心和能力实现伟大的中国梦。但是，我们仍面临着艰巨的建设任务与发展难题，更需要我们党主动融入新发展格局，适应时局的变化要求，努力提高自身的执政能力和领导水平，从而充分发挥领导核心作用，保证建设的社会主义方向，不断以自身能力的提高推动中国特色社会主义事业的发展。

## 三、依靠党的全面领导，建设政治过硬、适应新时代要求、具备领导现代化建设能力的高素质干部队伍

党的执政能力和领导水平是党的自身建设的重要内容，关乎党的执政地位的稳固、国家治理体系的构建和中国特色社会主义事业的发展。面临以中国式现代化全面推进中华民族伟大复兴的历史使命，新时代新征程党的执政能力和领导水平必须不断提升。只有在党的全面领导下，一以贯之推进党的建设新的伟大工程，多措并举，建设一支政治过硬、适应新时代要求、具备领导现代化建设能力的高素质干部队伍，才能更好完成新的目标任务。

### （一）注重思想的锤炼

政治上的坚定源于思想上的清醒。我们党百年来始终高度重视理论武装，在理论坚守与创新中推动党和国家事业稳步前进。中国共产党在新民主主义革命时期，首先将马克思列宁主义作为指导思想，以保证自身的先进性；毛泽东在1938年党的六届六中全会上第一次把"马克思主义中国化"作为一个重大命题，并在此基础上对其进行了深入研究。1941年，在延安开展了整风运动，使全党在思想上达到了统一，接着，召开的党的七大确立了毛泽东思想的指导地位，而且会上还指出，在党的建设中第一个要解决的问题就是思想上的问题。在社会主义革命和建设时期，毛泽东明确提出，要把马克思列宁主义基本原理与中国实际进行"第二次结合"，使全党思想得到了进一步解放。在改革开放和社会主义现代化建设新时期，1978年，党的十一届三中全会重新确立了马克思主义的思想路线，即解放思想、实事求是的思想路线；党的十二大提出"建设有中国特色的社会主义"这一命题；党的十五大和十六大先后将邓小平理论和"三个代表"重要思想确立为党的指导思想；之后党的十八大又将科学发展观确立为党的指导思想，实现了指导思想的与时俱进。2012年从党的十八大开始，中国特色社会主义进入新时代，以习近平同志为核心的党中央结合新的时代条件和实践要求，以全新视野深化了对共产党执政规律、社会主义建设规律、人类社会发展规律的认识，创立了习近平新时代中国特色社会主义思想，既使中国特色社会主义理论体系得到极大丰富和发展，又为坚持和发展中国特色社会主义提供有力指导。党的十九大将习近平新时代中国特色社会主义思想作为党的指导思想写入党章。由此可以看出，无论是在革命战争年代还是和平建设时期，中国共产党始终坚持思想建党，注重思想上的锤炼。

　　坚定的理想信念是一种精神支柱，能够激励人们不断地向前进。习近平总书记多次阐述过理想信念的重要性，认为理想信念是精神之钙。打铁必须自身硬，中国共产党只有注重思想上的锤炼，才能始终具备强大的执政能力和领导水平。从 1921 年中国共产党成立到 1949 年新中国的成立，我们党始终坚持把革命理想放在第一位，重视调动全党和广大人民的积极性，并在此基础上取得了新民主主义革命和社会主义革命的胜利。进入改革开放时期，我们党进行了一次关于真理标准问题的大讨论，带来了一次影响深远的思想解放，从而使我们党在解放思想上取得了巨大的进步。在党的十八大以来的一系列反腐"大动作"中，我们看到，对腐败问题的惩治力度越来越大。从一些反面典型案例中，我们也看到一些党员干部因为理想信念动摇、思想道德下降而走上歧途。由此可以看出，理想信念是一种强大的精神支柱，它可以支撑共产党人在面对各种风浪时做到坚定不移、毫不畏惧。当今世界经济全球化的进程正在不断加快，许多西方资本主义国家在意识形态领域通过意识形态渗透，宣扬自己的价值观，攻击社会主义意识形态，企图在全世界范围内推广资本主义的经济社会模式。反观当下，一些党员干部理想信念缺失，导致在实际工作中安于现状、不思进取、得过且过等一系列"躺平式"现象不断出现，严重影响着我们党的执政能力和执政水平的提升。其中也包括一些党员干部存在着为人民服务的意识不强、公仆精神缺失、奉献精神淡化等问题，没有做到始终把人民利益放在首位。要建立一支高素质的干部队伍，就必须有效地解决一些党员干部存在的理想信念动摇、立场摇摆、宗旨意识淡化等问题，从而持续地提高党的引领力和创造力，以此来推进中国式现代化进程。

指导思想作为一种世界观、方法论，是一个政党自身建设的指南针、方向标。注重思想的锤炼首先需要加强学习党的最新科学理论，始终坚定马克思主义的科学信仰和对共产主义的理想信念。新民主主义革命时期，我们党在意识形态方面的工作，就是要净化我们的队伍，凝聚一切可以凝聚的革命力量去对抗敌人，争取实现民族的独立与解放。而到了社会主义建设阶段，就是为了建立一个新中国而把所有能够集中起来的力量都集中起来。进入改革开放后，我们的主要任务就是不断解放人们的思想，发展我们的社会生产力，使中国人民富起来。在新时代，面对新情况、新问题，我们要一直保持头脑清醒，不断加强马克思主义的理论学习，以高度的政治自觉、思想自觉、行动自觉，不断补足精神上的"钙"，使广大党员干部更加坚定理想信念，更加努力实现中国梦。新时代呼唤新理论，新理论将引领新实践。习近平新时代中国特色社会主义思想立于时代潮头，从中华民族伟大复兴的战略全局出发，从世界百年未有之大变局出发，对新时代应该坚持和发展什么样的中国特色社会主义、怎样坚持和发展中国特色社会主义，建设什么样的社会主义现代化强国、怎样建设社会主义现代化强国，建设什么样的长期执政的马克思主义政党、怎样建设长期执政的马克思主义政党这些问题进行了科学回答，是我们党坚持和发展中国特色社会主义，推进党的建设的新的伟大工程的行动指南。新征程上，我们要加强对习近平新时代中国特色社会主义思想的学习，并深刻领会这一重要思想的深刻内涵和实践要求，不断提高政治判断力、政治领悟力、政治执行力，切实增强"四个意识"、坚定"四个自信"、做到"两个维护"，提高防范和化解各类风险的能力。

注重思想的锤炼还必须要进一步坚定理想信念。理想信念对党员干部来说是至关重要的，它是精神之钙。从我们党百年来的发展历程看，始终坚定理想信念为推动党和国家各项事业发展提供了动力。在革命战争年代，我们党之所以能历经艰难困苦而不断走向胜利，靠的就是坚定的理想信念。正是有了坚定的理想信念，我们党才能带领全国人民取得社会主义革命和建设的成功，才能在改革开放以来取得举世瞩目的伟大成就。正是在坚定理想信念的指引下，党更加明确了自己的初心和使命，并为之而奋斗。当然，在我们党的百年历程中，也曾出现过个别党员理想信念不坚定的现象。但是，我们党的每一代领导集体都能够及时地发现这一问题，并给予高度的关注。他们一方面能够准确把握党员思想动态，及时查清问题产生的根本原因，纠正党内思想上的偏差；另一方面，继续强化对党员干部的理想信念教育。尤其是在当前国际国内形势日新月异、社会主义市场经济不断深入发展的新情况下，广大党员干部要更加坚定自己的理想信念，把党的宗旨牢牢地铭记在心，不被任何风险所吓倒，不被任何干扰所迷惑，自觉地抵抗着各种腐朽的思想观念，在面对重大问题时旗帜鲜明，在面对各种风雨挑战时一往无前，在面对各种诱惑时始终坚持自己的立场。

最后，广大党员干部要不断地解放思想，做到实事求是，牢记全心全意为人民服务的宗旨。100多年来，中国共产党之所以能够创造出一系列伟大成就，归根结底就是因为中国共产党能够确立并坚持正确的思想路线，坚持为人民服务的根本宗旨。正是因为我们党坚持一切从实际出发，实事求是，全心全意为人民服务，并不断推进马克思主义中国化时代化，党和国家事业才能不断得到发展。我们党在新的历史条件下，始终坚持实事求是的思想路线，以高昂的斗志为实现中华民族伟大复兴的中国梦而奋斗。当前，国际形势纷繁复杂，国内党和国家事业发展的任务也比较繁重，我们党面临的"四大考验"和"四种危险"尖锐复杂，因此，党必须始终坚持从中国的实际出发，实事求是，不断解决所面临的新问题。百年征程波澜壮阔，百年初心历久弥坚。中国共产党始终把人民放在心中最高的位置，带领广大人民群众创造更加美好的生活。当前，党员干部要坚持人民至上，以人民为中心，真正做到从群众中来，到群众中去。

## （二）完善制度保障

制度具有根本性和长期性的特点，健全提高党的执政能力和领导水平制度是新时代新征程中我们党实现科学执政、民主执政、依法执政目标的重要路径，也为新时代建设一支高素质干部队伍提供了制度保障。我们党担负着领导好世界上最大的发展中国家的重任，要想更好地发挥党对各项工作的领导作用，需要完善制度保障。制度是可量化的，可以有效地规范党员干部的行为。此外，要使党始终具备强大的执政能力和领导水平需要一个长期的过程，而制度具有基础性的作用，管长远、管根本，只有通过完善制度保障才能从根本上完善党的领导，建设一支高素质的干部队伍。因此，依靠党的全面领导，建设政治过硬、适应新时代要求、具备领导现代化建设能力的高素质干部队伍，可以通过以下四个方面来推进。

首先，要坚持民主集中制。在当前的新形势下，面临很多新情况，也有很多新问题，其中就包括不重视民主集中制这一制度，在执行民主集中制的过程中，不仅存在没有按照章程的要求执行的问题，而且还存在意识淡化、不服从管理的问题，影响高素质队伍的建设。民主集中制是我们党的工作制度，关系着党和国家的前途命运，坚持和完善民主集中制，为我们党带领人民全面建成社会主义现代化强国提供了根本制度保障。因此，我们应充分尊重和发扬党内民主和人民民主。党内民主是一个政党的生命力所在，在新时代要贯彻落实下去，必须充分维护广大党员干部的主体地位，发扬民主，充分实现他们的各项权利。此外，还要健全党内重大决策集体讨论制度，努力调动全党的积极性和主动性，寻求最大公约数、画出最大同心圆，汇聚深化改革的强大合力。同时，要贯彻执行好集中领导制度，做到"四个服从"，维护党中央权威和集中统一领导，切实"提高党把方向、谋大局、定政策、促改革的能力"①。总之，就是通过落实党内各项基本制度来坚持民主集中制，切实规范党员干部的行为。

其次，要健全决策机制。当前，一些部门仍是"一把手决策"，在决策时漠视民意，没有认真听取意见建议，还有一些仅仅是口头执行，没有落实到行动中去。这些行为严重影响了决策的质量和执行力，从而导致形式主义和官僚主义盛行。因此，需要完善党的决策机制，把握好决策前后两个重要的环节，不断提高党的执政能力和领导水平。因此，健全决策机制，要在决策之前做好相关的调研，坚持先调研后决策的程序，坚持一切从实际出发，通过调研了解实际情况，做到实事求是；要坚持从群众中来、到群众中去，尊重民意，广泛听取人民群众的意见；还要善于分析决策是不是可行的，出现意见分歧时要注重论证评估，确保决策的科学性、合理性、可行性，坚决不能犯教条主义和经验主义的错误。在决策形成后，要不断强化决策执行、评估、监督，提高决策执行力，保证作出的决策落实到位。

再次，要改进党的领导方式和执政方式。改进党的领导方式和执政方式是完善制度保障、建设高素质干部队伍的一个重要路径。有的地方党组织的领导不够有力，削弱了党的集中统一领导，还出

---

① 《中共中央关于坚持和完善中国特色社会主义制度、推进国家治理体系和治理能力现代化若干重大问题的决定》，人民出版社 2019 年版，第 8 页。

现了一些问题，比如，党的建设不到位，执政能力不强等，如果继续这样下去，一定会损害人民群众的利益。因此，党在执政过程中要不断提高执政能力，改进执政方式，提高科学化水平。与此同时，要坚持群众路线，密切联系群众。在执政过程中，要把党和人民的关系处理好，把全心全意为人民服务的宗旨贯彻到底，真正实现为人民执政。要强化党委（党组）在同级组织中的领导作用，通过坚持党在新时代的组织路线、坚持和完善"三会一课"制度等，更好地加强党的制度建设。

最后，要完善担当作为的激励机制。党员干部的素质影响着党执政能力和领导水平的提高。在新形势下，一些党员干部的能力不足、本领不足，成为制约党的事业发展的重要因素。所以，要持续改进担当作为的激励机制，帮助党员干部提高自己的执政能力，更好地为人民服务。同时，有一些党员干部逃避自己的责任、缺少担当，对党与人民群众的关系产生了直接的影响，也对党的执政基础产生了威胁。因此要完善担当作为的激励机制，鼓励党员干部们敢于担当，积极承担责任，并为敢于担当作为的党员干部提供相应的保障。要坚持正确的选人用人导向，准确把握好"三个区分开来"，建立健全容错纠错机制，为担当者担当，让有为者敢为，不断激发党员干部干事创业的激情和活力。同时也要督促党员干部不断学习最新的理论成果，持续健全党内的学习制度，构建一套提高党员干部政治领导能力的培训体系，让党员干部到群众中去。

总之，我们要不断加强党的制度建设，提高党科学、民主、依法执政的水平。只有这样，我们党才能永葆生机与活力，为依靠党的全面领导，建设政治过硬、适应新时代要求、具备领导现代化建设能力的高素质干部队伍提供重要保障。

### （三）加强队伍建设

党员干部是党的决策部署和方针政策的实施者，必须依靠党的全面领导，建设政治过硬、适应新时代要求、具备领导现代化建设能力的高素质干部队伍，为党和国家事业发展提供重要力量保障。如果不注重队伍建设，在未来的发展中我们党就难有披荆斩棘、乘风破浪的毅力和勇气，我们党也没有底气、没有能力担当起全面领导的重任。建设一支高素质的干部队伍，既事关党和国家事业发展，又事关社会的长治久安。回顾党的百年历程，我们党一直都将选贤任能看作事关国家和社会发展的重要问题，一直都在根据不同历史阶段的中心任务，与时俱进地加强队伍建设。在革命战争时期，党从革命斗争的需要出发，注重对一些忠诚、英勇善战、不怕牺牲的干部的培养和选拔。新中国成立以后，为了进行大范围的经济建设，党在选拔既懂政治，又懂业务，同时又能干的干部方面进行了大量工作。党的十一届三中全会以后，以改革开放为中心，积极选拔有才干、有一技之长、勇于改革创新的优秀干部。党的历史经验表明无论何时都要加强干部队伍的建设，始终要建设一支政治过硬、适应时代要求、具备领导现代化建设能力的高素质干部队伍。中国共产党之所以永远保持着旺盛的生命力，不断取得伟大胜利，正是因为它不断地培养、造就着一批又一批的优秀干部，不断加强队伍建设。

建设政治过硬、适应新时代要求、具备领导现代化建设能力的高素质干部队伍，是我们党完成各项目标和任务的必然要求。当前，世界百年未有之大变局正在加速演进，新时代也给党和国家工作带来了很多新的要求，我们国家的发展正在面临着新的战略机遇、战略任务和要求，需要应对更加错综复杂的风险，需要解决的

93

矛盾和问题也比以前要多得多。我们党要想永远走在时代的前头，成为国家的中流砥柱，自身必须始终过硬。这就要求我们党要始终具备强大的执政能力和领导水平，永远保持着强大的战斗力。目标越大越艰巨，形势越复杂挑战越大，这就越需要打造一支政治过硬、适应新时代要求、具备领导现代化建设能力的高素质干部队伍。所以应将全面从严治党的战略方针深入贯彻下去，努力加强新时代的队伍建设。

要狠抓党员干部队伍的纪律建设。建设一支高素质的干部队伍，必须做到纪律严明。在新民主主义革命时期，我们党领导的人民军队之所以能够战胜强大的敌人，就在于我们党有铁一般的纪律，并因此在广大群众中具有极高的威信，最终赢得革命的胜利。当前我们党要带领全国人民全面建成社会主义现代化强国，以中国式现代化全面推进中华民族伟大复兴，必须要靠铁的纪律来保证。我们必须要加强纪律建设，对以党章为根本的党内法规制度体系进行完善，引导广大党员干部将党章党规党纪铭记在心，强化纪律意识。要将严的基调贯穿到党的建设的全过程，党员干部尤其是高级干部要做到严于律己，不断提高纪律建设的政治性和战斗性。

要通过科学安排教育内容、开展精准化培训，持续提高党员干部的学习本领、政治领导本领、改革创新本领、科学发展本领、依法执政本领、群众工作本领、狠抓落实本领、驾驭风险本领，不断提升专业素养和能力。要重视对那些政治素质高、对党忠诚的干部的培养。我们必须增强政治判断能力，从全局的角度来看问题，增强自己的政治理解能力和政治执行力。在当今国内外形势复杂多变的时代背景下，我们党面临的"四大考验""四种危险"是长期的、尖锐的，对党员干部在政治上的考验是很严峻的，越是在这种时候，越要有强烈的政治担当，越要有过硬的政治能力。如果没有足够的政治素养，就会经受不住风吹雨打，在关键的时候临阵脱逃。所以，干部的培养和选拔，一定要坚持把好政治关。要认真挑选那些真心认同"两个确立"、坚决拥护"两个维护"的干部，坚决排除那些"墙头草""两面人"，保证选出的干部对党忠诚，关键时刻靠得住。

要落实全面从严治党的总体要求，持之以恒开展正风肃纪，通过运用监督执纪"四种形态"等继续纠治"四风"，确保人民赋予的权力始终用来为人民谋福利。要经常开展批评和自我批评，让红脸出汗成为常态，让党纪轻处分和组织处理的成为大多数，让严重违纪的重处分、作出重大职务调整的成为少数，而让严重违纪涉嫌违法立案审查的只能是极少数。监督执纪"四种形态"的实质就是运用批评教育、组织处理、纪律处分等手段去对待那些犯错误的党员干部，用严明的纪律管党治党。运用监督执纪"四种形态"纠治"四风"有利于确保党的长期执政地位。"四风"问题的成因比较复杂，而且由来已久，不是一朝一夕就能纠正过来的，因此纠治"四风"的任务很艰巨，必须持之以恒。所有的党员干部都要讲政治，守纪律，在学习和领会"两个确立"的决定性意义时增强"四个意识"，坚定"四个自信"，做到"两个维护"；要有担当，不逃避责任，不害怕面对挑战，永远保持奋斗的精神状态；要办实事，要求实效，要有正确的政绩观，要从实际出发，不断提高自己的领导能力；要把惠民生放在首位，始终坚持以人民为中心的理念，努力解决好老百姓的问题，让人民群众有更多的获得感、幸福感。

要深入贯彻落实党的二十大关于全面从严治党的战略方针，不断健全全面从严治党体系，推动正风肃纪反腐向纵深发展，确保人民赋予的权力始终用来为人民谋福利。在新征程上，广大党员干部一定要将全面从严治党的战略方针深入落实下去，自觉地将全面从严治党的政治要求付诸实践，用更高的标准、更严格的要求来强化党性修养，加强政治锤炼。批评和自我批评是我们党的优良传统，广大党员干部要敢于进行批评和自我批评。要使党员干部保持廉洁，就要开展积极的批评和自我批评，使他们既能认清自己的不足之处，也要敢于承认自己的错误。同时，党员干部也要勇于当着群众的面把自己的缺点说出来，起到表率作用，让其他党员也能主动认识到自己的不足，并敢于纠正自己的错误。因此，我们的党员干部要经常进行批评和自我批评，及时反省自己并改正错误。

我们要深入推进反腐败斗争，持之以恒正风肃纪，打赢这场攻坚战。中国共产党作为执政党，一直以"全心全意为人民服务"为宗旨。然而，随着时代的变迁和社会的发展，一些党员干部逐渐偏离了这个宗旨，他们利用自身权力和资源来谋取私利，甚至贪污受贿、以权谋私，使人民群众对腐败深恶痛绝。因此，必须加强反腐败工作，坚决打击腐败分子，对那些胆大妄为、不知收敛的人进行坚决的惩罚。对政治、经济问题相互交织以及一些对政治、经济环境造成破坏的腐败案件要坚决查处，突出整治一些重点领域、关键环节、重点岗位腐败，聚焦群众反映强烈的突出问题，加强有关扶贫、民生领域腐败风问题的专项治理。

最后要健全党员干部的考评机制。建立一支高素质的干部队伍，需要健全党员干部的考核体系，对每一名党员干部的工作成效都要用严格的标准来评定，并及时检查、反馈他们的工作成效。要建立专门的评估小组，综合评估党员干部的政绩，为人民培养一批清正廉洁、勤政务实的好干部。此外，还需要健全党员干部的监督机制。从古至今，监督一直发挥着比较重要的作用，监督制度的实施也颇有成效，这是由于通过监督可以起到警醒作用。纵观历史上发生的各种腐败现象，大多与监督不力、制约缺失有关。为此，应充分认识到监督与制约机制的重要性。党员干部在党组织的号召下，要做到政务公开，同时还要配合监督方的意见，从而提高政务的质量。此外，也要充分调动广大群众的积极性，鼓励他们通过有效的平台建言献策，充分发挥民主监督权，努力建设一支高素质的干部队伍。

中国共产党作为世界上最大的马克思主义政党，这个"大"不仅体现在党员的数量、组织的规模和存续的时间上，更是体现在执政效能与使命担当上。回顾百年奋斗历程，我们深刻体会到，无论是革命、建设还是改革时期，办好中国的事情关键在党。只有始终发挥党总揽全局、协调各方的领导核心作用，在未来的发展中，我们才能冲破藩篱、披荆斩棘、乘风破浪，才能有效面对各类风险挑战，才能带领全国各族人民实现中华民族伟大复兴的愿景。面对世情国情党情的深刻变化、改革进入深水区攻坚期、全面建设社会主义现代化国家等一系列现实状况，我们必须始终保持解决大党独有难题的清醒和坚定，通过锤炼思想、完善制度等有效举措不断提升自身的执政能力和领导水平，才能更好引领改革的方向、凝聚推动发展的底力、稳固执政根基，在新的赶考路上交出一份满意的答卷。同时，也可为全球政党治理模式的构建提供中国智慧和中国方案，推动世界的发展和进步。

# 第四章  如何始终保持干事创业精神状态

习近平总书记从确保党的事业薪火相传和中华民族永续发展的战略高度，阐释了大党独有难题的表现形态，如何始终保持干事创业精神状态是新时代新征程中我们这个大党必须解决的独有难题之一。永葆干事创业精神是中国共产党的政治本色和优良传统，"我们党之所以历经百年而风华正茂、饱经磨难而生生不息，就是凭着那么一股革命加拼命的强大精神"①。从革命时期战胜强大敌人，到建设时期克服物质困难，再到改革时期冲破束缚生产力发展障碍，中国共产党始终保持着干事创业的精神状态。迈向新的

---

① 习近平：《在党史学习教育动员大会上的讲话》，人民出版社 2021 年版，第 19 页。

伟大征程、完成新的使命任务，中国共产党必须以更加昂扬向上的精神状态应对前进道路上的各种风险挑战，始终保持干事创业的热情和劲头，把我们党建设成为始终走在时代前列、人民衷心拥护的马克思主义政党，从而更好地团结带领全国各族人民奋力实现以中国式现代化全面推进中华民族伟大复兴的伟大政治目标。

## 一、以实干精神践行为中国人民谋幸福、为中华民族谋复兴的初心和使命

一个人要自立，一个民族要振兴，一个国家要富强，都离不开干事创业的精神劲头。干事创业精神是成就我们党伟大事业的强大精神动力，中国共产党的百年奋斗史就是一部开天辟地的创业史、艰难却从未停歇不断再创业的奋斗史。100多年来，我们党团结带领全国各族人民锐意进取、真抓实干，以想干事、能干事、干成事的拼搏精神，直面问题、破解难题，取得了从积贫积弱、一穷二白到脱贫攻坚、全面小康的伟大成就。中国共产党和中国人民正信心百倍地推进中华民族迎来从站起来、富起来到强起来的伟大飞跃。

### （一）新民主主义革命时期：以实干精神奋力完成救国伟业

新民主主义革命时期，中国共产党在建设红色政权、探寻革命道路的实践中，"唤起工农千百万，同心干"完成了救国伟业。从北伐战争、土地革命战争到抗日战争、解放战争，这期间形成的红船精神、井冈山精神、延安精神等正是我们党带领人民艰苦创业、顽强斗争的生动写照，谱写了气吞山河的创业史、奋进史。

红船精神中的"开天辟地、敢为人先"彰显着中国先进分子意识到要用马克思主义改造中国，走俄国十月革命的道路，就必须

建立一个无产阶级的政党。正如李大钊所强调的，中国人民实现真正的解放"要靠自己的力量，抗拒冲决"，"要靠自己的努力，把他打破，从那黑暗的牢狱中，打出一道光明来"。① 在我们党的创建实践和革命活动中，传播马克思主义的革命思想、创建中国共产党的第一个地方组织、制定反帝反封建的民主革命纲领……无不彰显了中国先进分子开天辟地、敢为人先的首创精神。中国共产党一经成立就以大无畏的担当精神，义无反顾地肩负起实现民族独立和人民解放、彻底改变国家贫穷落后面貌的伟大历史使命，团结带领全党走上了通过反帝反封建的民族民主革命实现救亡图存、改变国家民族命运的道路。

井冈山精神中的"实事求是闯新路"标志着中国共产党人反对教条、主张理论联系实际，走出了一条创新实干的井冈山革命道路。面对国民党严酷的军事进攻和经济封锁，以毛泽东同志为主要代表的中国共产党人把队伍带上井冈山，探索出一条农村包围城市、武装夺取政权的崭新道路。"一国之内，在四周白色政权的包围中，有一小块或若干小块红色政权的区域长期地存在，这是世界各国从来没有的事。"② 井冈山革命根据地时期，"敌进我退，敌驻我扰，敌疲我打，敌退我追"③ 的十六字诀，体现着我们党实事求是、勇闯新路的精神，是弱小的红军得以战胜强大敌人的法宝。正是中国共产党人这种敢闯、敢干的顽强斗争意志，才使得处于敌人严密封锁下的井冈山革命根据地顽强生存、由弱变强，将井冈山的险峻山道一步步踏成坚实坦途。

延安精神中的"自力更生、艰苦奋斗"昭示出党领导人民在

① 《李大钊全集》第二卷，人民出版社 2013 年版，第 492 页。
② 《毛泽东选集》第一卷，人民出版社 1991 年版，第 48 页。
③ 《毛泽东选集》第一卷，人民出版社 1991 年版，第 204 页。

内外交困中顽强战斗的创业传统。1936 年，美国记者斯诺到延安采访。通过一系列的采访、深入了解红军将士们的实际生活，斯诺发现了一种伟大的"东方魔力"，其背后正是这片红色土地所孕育出的延安精神。习近平总书记曾强调，弘扬延安精神，要始终牢记"两个务必"，保持延安时期那么一种忘我精神、那么一股昂扬斗志、那么一种科学精神。自力更生、艰苦奋斗的精神内核支撑我们党走过艰苦卓绝的峥嵘岁月。中国共产党在延安局部执政时期，为应对当时各种物资的短缺，发动了轰轰烈烈的大生产运动，脚踏实地、苦干实干，推动了经济、政治、文化、社会、军事等革命事业的大发展，为新民主主义革命取得胜利奠定了坚实的基础。

毛泽东同志在党的七大上曾指出："我们党尝尽了艰难困苦，轰轰烈烈，英勇奋斗。自古以来，中国没有一个集团，像共产党一样，不惜牺牲一切，牺牲多少人，干这样的大事。"① 这一时期，中国共产党以顽强的斗志、实干的劲头带领人民克服艰难险阻，推翻了三座大山的压迫，建立了中华人民共和国，完成了救国伟业。

## （二）社会主义革命和建设时期：以实干精神奋力完成兴国大业

社会主义革命和建设时期，中国共产党凭着"敢教日月换新天"的斗志和勇气，完成了兴国大业。我们党带领站起来的中国人民，在底子薄、基础差的现实情况下进行社会主义革命和建设，在重重困难面前展现出了前所未有的精神风貌和工作热情。这一时期中国共产党领导人民苦干实干、开拓进取，逐步恢复国民经济秩序、推动社会主义工业化在中国大地上起步，艰苦创业成为这一时

---

① 《毛泽东文集》第三卷，人民出版社 1996 年版，第 292 页。

期中国共产党的主要精神形态。

新中国成立之初，以美国为首的帝国主义国家图谋将新中国扼杀在摇篮之中，妄图在政治上加以孤立、经济上加以封锁、军事上加以包围。我们党和人民军队在武器装备极为落后、战场环境极其艰苦、力量对比极其悬殊的情况下，在朝鲜战场与以美国为首的"联合国军"进行了一场抗美援朝战争。中国人民志愿军同朝鲜军民密切配合，首战两水洞、激战云山城、会战清川江、鏖战长津湖等，连续进行 5 次战役，此后又构筑起铜墙铁壁般的纵深防御阵地，实施多次进攻战役，粉碎"绞杀战"、抵御"细菌战"、血战上甘岭，创造了威武雄壮的战争伟业，铸就了伟大抗美援朝精神，让全世界看到了站起来的中国人民的骨气，为新中国建设争取到了宝贵的和平环境，真正昂首挺胸地屹立于世界民族之林。

20 世纪 60 年代，大庆石油工人面对物资匮乏、技术设备落后、经验不足等种种困难，以"有条件要上，没有条件创造条件也要上""宁可少活二十年，拼命也要拿下大油田"的拼搏、献身精神，发愤图强、艰苦创业，仅用 3 年时间就拿下了大油田，使我国摘掉了"贫油国"的帽子，实现了中国石油工业发展史上的一次飞跃，一举创造了世界钻井进度的新纪录，将大庆石油工人艰苦创业、不畏艰难的精气神展现得淋漓尽致。1964 年初，毛泽东同志向全国发出了"工业学大庆"的号召。以爱国、创业、求实、奉献为主要内涵的大庆精神、铁人精神逐渐成为艰苦创业的代名词，成为激励中国人民不畏艰难、勇往直前的宝贵精神财富，成为中华民族伟大精神的重要组成部分。

1960 年 2 月，太行山上的开山炮声，拉开了林州人民"十万大军战太行"的序幕。红旗渠开工建设时值我国经济困难时期，当时的粮食产量与供应都十分的匮乏，各类日常所需物资也十分短缺，施工的技术设备条件更是十分落后。林县人民用自己的双手，克服种种困难，战天斗地，以"重新安排河山"的英雄气概，历时十年，绝壁穿石，挖渠千里，修建了举世瞩目的"人工天河"红旗渠，把中华民族的一面精神之旗，插在太行之巅。以自力更生、艰苦创业、团结协作、无私奉献为主要内涵的红旗渠精神是推动当地经济社会发展的精神动力，更是中国共产党人的精神谱系中浓墨重彩的一笔，始终是我们与时俱进、永葆生机的动力源泉。

社会主义革命和建设时期，党带领全国人民自力更生、艰苦奋斗，完成了社会主义改造，确立了社会主义制度，建立起独立的比较完整的工业体系和国民经济体系，创造了抗美援朝精神、大庆精神、铁人精神、红旗渠精神和"两弹一星"精神等一系列宝贵精神财富。"雄赳赳，气昂昂，跨过鸭绿江""一不怕苦，二不怕死""到农村去，到边疆去，到祖国最需要的地方去"等铿锵有力的誓言、口号，是这一时期精神的最强音。

### （三）改革开放和社会主义建设新时期：以实干精神奋力完成富国大业

前进路上没有一马平川的坦途。邓小平同志简洁有力地说，"要有一股艰苦奋斗的创业精神""中国搞四个现代化，要老老实实地艰苦创业"。[①] 改革开放和社会主义建设新时期，中国共产党坚持不懈地加强艰苦创业精神教育，以一往无前的勇气和干事创业的精神推动改革，完成了富国大业。改革开放调动起了亿万人民群众干事创业的积极性主动性，中国实现了由贫穷到温饱再到总体小康的跨越式发展。

_____

① 《邓小平文选》第二卷，人民出版社 1994 年版，第 257 页。

面对社会主义十年曲折发展，中国共产党以巨大的理论和实践勇气，将顶层设计与实践探索的战略方法相结合，从安徽凤阳小岗村尝试"包产到户"的农村改革到开展国有企业扩大自主权试点的城市经济体制改革，再到打开深圳、珠海、汕头、厦门四个经济特区对外开放的"窗口"在实践中积淀了一系列精神财富。小岗精神中的"敢于创造、敢于担当、敢于奋斗"记录下改革先锋们冒着生命危险敢于打破思维定式、解放思想、为幸福生活敢闯敢干的感人事迹。1978年以前的小岗村是一个出了名的"要饭村"，是全县有名的"吃粮靠返销、用钱靠救济、生产靠贷款"的穷村。1978年11月24日，被饥饿逼迫的安徽省凤阳县，以敢为天下先的精神，按下了"大包干"的红手印。18位村民，18个红手印开启了中国农村改革的帷幕，包产到户明晰了农民的承包经营权，释放了农村生产力，以此为起点，从安徽到全国，从农村到城市，彻底打破了"一大二公"的人民公社体制，使中国农业发展越过长期短缺状态，解决了农民的温饱问题。

习近平总书记在庆祝海南建省办经济特区30周年大会上的讲话中指出：要"发扬敢闯敢试、敢为人先、埋头苦干的特区精神"①。特区精神彰显了广大特区干部群众永葆"闯"的精神、"创"的劲头、"干"的作风。1979年4月，广东省委负责人向中央领导同志提出兴办出口加工区、推进改革开放的建议。邓小平同志明确指出，还是叫特区好，中央可以给些政策，你们自己去搞，杀出一条血路来。1979年7月8日，深圳蛇口一声炮响，拉开了招商局蛇口工业区开发建设的序幕，也打响了中国改革开放的"开山第一炮"。1980年8月，党和国家批准在深圳、珠海、汕头、

————————

① 习近平：《在深圳经济特区建立40周年庆祝大会上的讲话》，人民出版社2020年版，第14页。

厦门设置经济特区；1988 年 4 月又批准建立海南经济特区。邓小平同志要求经济特区"改革开放胆子要大一些，敢于试验，不能像小脚女人一样。看准了的，就大胆地试，大胆地闯"①。五个经济特区在体制改革中发挥了"试验田"作用，在对外开放中发挥了重要"窗口"作用。以敢闯敢试、敢为人先、埋头苦干为主要内涵的特区精神是推动中国改革开放前进步伐的加速器，是开启中国特色社会主义道路的强大精神动力。

邓小平同志多次强调："世界上的事情都是干出来的，不干，半点马克思主义都没有。"② 改革开放 40 多年以来，我国在各方面取得了举世瞩目的伟大成就不是等来的、喊来的，而是党和人民用热血和汗水、用勤劳和智慧一步步干出来的。

### （四）中国特色社会主义进入新时代：以实干精神奋力实现强国大业

大道至简，实干为要。社会主义是拼出来、干出来、拿命换来的，不仅过去如此，新时代也是如此。中国特色社会主义进入新时代，以习近平同志为核心的党中央继续保持干事创业的精神状态，万众一心、迎击风浪，续写了经济快速发展和社会长期稳定的"两大奇迹"，完成了第一个百年奋斗目标，党和国家事业取得历史性成就、发生历史性变革，在此期间形成了"脱贫攻坚精神"、"载人航天精神"、"三牛"精神、"探月精神"、"新时代北斗精神"和"丝路精神"等伟大精神。

"上下同心、尽锐出战、精准务实、开拓创新、攻坚克难、不负人民"的脱贫攻坚精神是中国共产党性质宗旨、中国人民意志

---

① 《十三大以来重要文献选编》（下），人民出版社 1993 年版，第 1853 页。
② 《改革开放三十周年重要文献选编》（下），人民出版社 2008 年版，第 1668 页。

品质、中华民族精神的生动写照，是中国精神、中国价值、中国力量的充分彰显。新时代以来，在以习近平同志为核心的党中央坚强领导下，经过世界规模最大、力度最强的脱贫攻坚战，近1亿人摆脱绝对贫困，14亿人迈入全面小康生活。在脱贫攻坚的伟大实践中，以"愚公移山"的决心和毅力，带头"拔穷根"的毛相林；以刺绣产业开拓脱贫致富新路子的白晶莹；身患重疾也要让百姓喝上"安全水"的刘虎；深入贫困地区，用科技助力脱贫的李玉；奔赴扶贫一线，用生命践行使命的张小娟；以坚定初心和情怀，促成科技兴农的赵亚夫；引领山地发展，用生命探索脱贫道路的姜仕坤；以艰苦朴素的作风，成就贫困学子"大学梦"的夏森；主动请缨一线，为扶贫献出生命的黄文秀……一个又一个扶贫干部以奉献铸忠诚，以生命赴使命，生动诠释了新时代共产党人的使命担当。

"特别能吃苦、特别能战斗、特别能攻关、特别能奉献"的载人航天精神，体现了艰苦条件下中国航天人从无到有开创航天事业的奋斗意志，是中国载人航天团队千锤百炼铸造而成的精神力量，也是未来在载人航天领域乃至中华民族伟大复兴事业中不可缺少的干劲和韧劲。习近平总书记强调，老一代航天人的功勋已经牢牢铭刻在新中国史册上。不管条件如何变化，自力更生、艰苦奋斗的志气不能丢。① 当年，在一穷二白的条件下，我国航天工作者坚定航天报国的信念，孕育出"两弹一星"精神。如今，沿着前辈们的脚步，广大科技工作者开拓创新、群策群力、集智攻关，从单星发射到多星发射、从发射卫星到发射载人飞船、从太空行走到交会对接，再到实现航天员中期在轨驻留，一项项关键技术的突破，一道

---

① 《习近平给参与"东方红一号"任务的老科学家回信强调　敢于战胜一切艰难险阻　勇于攀登航天科技高峰》，《人民日报》2020年4月25日。

道科学难题的破解，一个个辉煌成就的取得，都是靠一代代航天人的汗水和泪水换回来的，是靠全国100多个行业、3000多个单位、几十万科技大军风餐露宿、废寝忘食、一步一个脚印走出来的。实干兴邦、实干创造业绩，这是载人航天事业留给我们的宝贵经验。

2020年12月31日，习近平总书记在全国政协新年茶话会上强调，发扬为民服务孺子牛、创新发展拓荒牛、艰苦奋斗老黄牛的精神，永远保持慎终如始、戒骄戒躁的清醒头脑，永远保持不畏艰险、锐意进取的奋斗韧劲。"孺子牛""拓荒牛""老黄牛"展现出的精神品格蕴含着我们党百年来自强不息、赢得历史主动的密码。为民服务孺子牛，人民是决定党和国家前途命运的根本力量，是我们强党兴国的根本所在。党的十八大以来，以习近平同志为主要代表的中国共产党人创新发展了人民主体的思想，提出了坚持以人民为中心的发展理念，阐明了中国共产党人"为中国人民谋幸福，为中华民族谋复兴"的初心和使命。创新发展拓荒牛，北斗全球组网、"九章"横空出世、嫦娥五号探月取壤、"奋斗者"号勇闯深海、"太空剧"不断更新……当前我们所取得的历史性成就、发生的历史性变革都离不开中国共产党和中国人民奋勇拼搏、开拓进取的真抓实干。艰苦奋斗老黄牛，艰苦奋斗是我们的政治本色，是我们一路走来、发展壮大的重要保证。创造"荒原变林海"人间奇迹的塞罕坝林场建设者、让10多万山区人民摆脱贫困的"太行山上的新愚公"李保国、甘洒热血捍卫祖国领土的一个个边疆卫士……彰显了中国共产党人如老黄牛般的夙兴夜寐、水滴石穿的实干品质和坚韧意志。

伟大实践孕育伟大精神，伟大精神在伟大实践中得以传承，艰苦创业、实干肯干的精神劲头是贯穿我们党百年奋斗的一条鲜明主线。100多年来，中国共产党人从来都不是"纸上谈兵"的空谈论者，他们始终坚持用智慧和才干投入到伟大实践中。当前，我们迈入实现第二个百年奋斗目标的历史征程，必须赓续红色血脉，努力拼搏、攻坚克难，积极应对各种新的风险挑战，不断开创中国特色社会主义发展新境界。

## 二、保持"创业不易，守业更难"的清醒与坚定，不断提升党的执政能力

中国共产党由弱小到强大，中华民族由衰败凋零到欣欣向荣，都是党团结带领人民干出来的、奋斗出来的。干事创业的精神动力，事关中国特色社会主义事业的兴衰成败，事关中国共产党的长期执政地位。对于我们这样一个拥有 9800 多万名党员，500 多万个基层组织的大党来说，执政时间越长，取得的成绩越多，保持初心、艰苦创业越不容易。必须着力解决好"始终保持干事创业的精神状态"这一难题，以"创业不易，守业更难"的清醒与坚定，不断提升党的执政能力、巩固党的长期执政地位。

### （一）能否始终保持干事创业精神状态关乎党和国家事业兴衰成败

人无精神不立，国无精神不强。良好的精神状态，是做好一切工作的重要前提。干事创业精神状态，从其本质来看是在实践中表现出的一种积极向上的健康精神状态，是干事创业者内在奋斗状态、奋进姿态的集中体现。我们党作为马克思主义政党，无论是在革命战争时期战胜强大敌人，还是在社会主义建设时期克服物质困难，抑或是在改革开放后冲破束缚生产力发展障碍，在新时代进行具有许多新的历史特点的伟大斗争，都始终保持干事创业、昂扬奋

进的精神状态。也正因一以贯之具备这种积极的精神状态，我们党才能团结带领全国各族人民创造世所罕见的伟大成就。

一个政党，在功成名就时不骄傲、不自满、不懈怠，始终保持干事创业精神状态是极其不容易的。纵观世界政党发展史，执政者在承平日久后精神懈怠、不思进取，最终导致人亡政息的例子比比皆是，留下极为深刻的教训。苏联共产党这个具有 93 年历史，拥有 2000 万名党员的大党、老党之所以走向覆灭，不可忽视的一个重要原因就在于党内腐败盛行，堡垒最容易从内部攻破，当执政党内官僚滋生、精神懈怠，就会逐渐丧失群众的信任与支持，从而丧失执政地位。再如，波兰统一工人党最后一位第一书记拉科夫斯基曾反思道，该党由于多年执政的舒适生活已变得懒惰，面对反对派的好斗性，却对政治斗争感到生疏，懒于决斗，最终统一工人党失去了统治权。又如，于 1921 年成立的罗马尼亚共产党，执政之后党内和政府内部裙带主义、家族主义、腐败、文牍主义泛滥成灾，也由此从受民众拥护到沦为被民众唾弃，丧失了执政地位。

习近平总书记指出："我们党之所以历经百年而风华正茂、饱经磨难而生生不息，就是凭着那么一股革命加拼命的强大精神。"[1]在始终保持干事创业精神状态问题上，我们党一直有着清醒认识和强烈忧患意识。1939 年，刘少奇在《论共产党员的修养》一书中强调："特别注意在革命胜利和成功的时候，在群众对自己的信仰和拥护不断提高的时候，更要提高警惕，更要加紧自己的无产阶级意识的修养，始终保持自己纯洁的无产阶级的革命品质，而不蹈历代革命者在成功时的覆辙。"[2]1949 年，毛泽东在党的七届二中全会上指出："中国的革命是伟大的，但革命以后的路程更长，工作

---

① 《习近平谈治国理政》第四卷，外文出版社 2022 年版，第 514 页。
② 《论共产党员的修养》，人民出版社 2018 年版，第 11 页。

更伟大，更艰苦。这一点现在就必须向党内讲明白，务必使同志们继续地保持谦虚、谨慎、不骄、不躁的作风，务必使同志们继续地保持艰苦奋斗的作风。"① 改革开放初期，邓小平同志一再强调："中国搞四个现代化，要老老实实地艰苦创业。我们穷，底子薄，教育、科学、文化都落后，这就决定了我们还要有一个艰苦奋斗的过程。"② 一个有希望的民族，必然是艰苦奋斗、勇于创业的民族。无论是在革命、建设还是在改革的各个历史时期，中国共产党都是在艰难中成就伟业，在困苦中创造辉煌，靠着艰苦创业的精神克服了种种艰难险阻，创造了一个又一个人间奇迹。

空谈误国，实干兴邦。中国特色社会主义进入新时代以来，习近平总书记多次在重要场合强调："千万不能在一片喝彩声中迷失自我"，"始终保持革命者的大无畏奋斗精神，鼓起迈进新征程、奋进新时代的精气神"。③ 干事担事，是干部的职责所在，也是价值所在④，"全力战胜前进道路上各种困难和挑战，依靠顽强斗争打开事业发展新天地"⑤。党的十八大以来，党内政治生活气象更新，风清气正的政治生态不断形成和发展，广大党员干部迎来干事创业的新时代。我们党采取一系列举措提升党员干部干事创业精神状态：坚持党内集中教育和经常性教育相结合，先后六次开展党内集中教育，为党员干部注入精神之钙，坚定党员干部理想信念；严

---

① 《毛泽东选集》第四卷，人民出版社 1991 年版，第 1438—1439 页。
② 《邓小平文选》第二卷，人民出版社 1994 年版，第 257 页。
③ 《习近平谈治国理政》第四卷，外文出版社 2022 年版，第 515 页。
④ 《习近平在中央党校（国家行政学院）中青年干部培训班开班式上发表重要讲话强调 信念坚定对党忠诚实事求是担当作为 努力成为可堪大用能担重任的栋梁之才》，《人民日报》2021 年 9 月 2 日。
⑤ 习近平：《高举中国特色社会主义伟大旗帜 为全面建设社会主义现代化国家而团结奋斗——在中国共产党第二十次全国代表大会上的报告》，人民出版社 2022 年版，第 27 页。

格贯彻执行中央八项规定，发挥巡视利剑作用，"打虎""拍蝇""猎狐"，全方位、全领域、全过程惩治腐败，力戒形式主义、官僚主义，推动形成真抓实干工作作风；出台《关于进一步激励广大干部新时代新担当新作为的意见》《推进领导干部能上能下规定》等制度，用制度保障干事创业……一个个政策的出台实施，激发了广大党员干部干事创业的积极性、主动性、创造性，为干事创业提供了广阔舞台，创造了良好氛围，推动形成奋进新征程、建功新时代的浓厚氛围和生动局面。

## （二）始终保持干事创业精神状态是党应对内外问题的必然要求

李大钊说过："历史的道路，不全是坦平的，有时走到艰难险阻的境界，这是全靠雄健的精神才能够冲过去的。"① 当前，世界之变、时代之变、历史之变正以前所未有的方式展开，严峻复杂的国内外形势，对党的建设新的伟大工程提出了一系列新挑战新要求，必须以干事创业的精神状态，对抗党内存在的一切贪图安逸、不愿继续艰苦奋斗的想法，使我们党永葆先进性和纯洁性，永葆旺盛生命力和强大战斗力，从而更好地应对前进道路上各种风险和困难。

从国际看，中国处于近代以来最好的发展时期，世界正经历百年未有之大变局。"百年未有之大变局"是习近平总书记科学研判当前国际局势、深刻洞察发展态势作出的一个重大论断。当前，百年未有之大变局，既是大发展的时代，也是大变革的时代。一方面，世界正处于"东升西降"、发达国家和发展中国家之间力量对

---

① 《李大钊文集》第四卷，人民出版社 1999 年版，第 355 页。

比发生重大变化的变革时期，新兴市场国家和一大批发展中国家快速发展，国与国之间的交流和合作不断加强，朝着合作共赢的方向发展。另一方面，经济全球化进入阶段性调整期，逆全球化思潮发酵，保护主义、单边主义、霸凌主义抬头，国际经济、政治、文化、科技、安全等格局发生深刻调整，我国发展面临更为复杂多变的外部环境。在国际地缘政治冲突、全球通胀飙升、能源和粮食危机发酵等多重因素冲击下，美国、西欧、日本等主要经济体的经济增长均出现不同程度放缓，全球金融市场波动进一步加大，各种"黑天鹅""灰犀牛"事件随时可能发生。面对波谲云诡的国际形势，中国共产党人必须以想干事、能干事、干成事的精神状态，同前进路上各种风险和困难作斗争，发挥主心骨和定盘星的领导核心作用，不断书写中国特色社会主义事业新篇章。

从国内看，我国发展历史方位和社会主要矛盾发生了历史性转变，中国特色社会主义进入新时代，历经十年不懈奋斗，我国稳居世界第二大经济体，经济实力、科技实力、综合国力大幅增强，踏上了实现中华民族伟大复兴不可逆转的伟大征程。但同时也要清醒地认识到我们的事业越前进、越发展，新情况新问题就会越多，面临的风险和挑战就会越多，面对的不可预料的事情就会越多。着眼于实现第二个百年奋斗目标的新征程，改革发展承担着艰巨繁重的任务、面临的不稳定不确定性因素越来越多，需求收缩、供给冲击、预期转弱三重压力仍然较大，经济恢复的基础尚不牢固，亟须解决"硬骨头""卡脖子"难题以及"不平衡""不充分"矛盾，经济、社会、生态、科技等领域各种超预期因素随时可能发生。应对重大问题、抵御重大风险的关键就在于是否拥有良好的精神状态，全党全国各族人民必须始终保持艰苦奋斗、奋发有为的精气神，敢于斗争、善于斗争，勇于担当作为，全力战胜前进道路上各种困难和挑战，依靠顽强斗争不断打开事业发展新天地，不断从胜利走向新的胜利。

从党自身来看，我们党历经百年、成就辉煌，党内党外、国内国外赞扬声很多。越是这样越要发扬革命精神、艰苦创业精神，千万不能在一片喝彩声中迷失自我。新时代中国共产党的中心任务就是团结带领全国各族人民全面建成社会主义现代化强国、实现第二个百年奋斗目标，以中国式现代化全面推进中华民族伟大复兴。越是使命荣光，越是责任重大，越要发挥干事创业的劲头，党员干部干事创业的精神状态，直接影响党和国家各项事业发展，关乎党擘画的宏伟蓝图能否变为现实。随着国内国际环境的深刻变化，我们党内部以及党员干部也正经历着前所未有的考验，面临着大党独有的难题与使命。党的组织规模空前扩大，截至 2022 年底，中国共产党党员总数为 9800 多万名，基层党组织为 500 多万个，党员数量的增加、党组织规模的扩大相应地也给管党治党带来了特殊困难，诸如"四大考验"的长期性、"四种危险"的尖锐性、"七个有之"的突出性。新时代新征程的艰巨任务和宏伟目标，对党员干部的精神状态提出了更高要求，党员干部必须发挥先锋模范作用，以奋发有为、干事创业的责任和担当来要求自己，只有这样我们党才能永葆先进性和纯洁性，永葆旺盛生命力和强大战斗力。

### （三）始终保持干事创业精神状态是中国共产党必须解决的独有难题

共产党人的"精气神"是其思想作风、道德修养及人生态度的晴雨表，干事创业精神状态是中国共产党人内在奋斗状态、奋进姿态的集中体现。在党的二十大报告中，习近平总书记首次提出"大党独有难题"的重要论断，在二十届中央纪委二次全会上，习近平总书记鲜明指出，如何始终保持干事创业精神状态是新时代新征程中我们这个大党必须解决的独有难题之一。始终保持干事创业精神状态之难，难在"始终"、难在"干"、难在"创"。

1. "始终保持干事创业精神状态"之难，难在"始终"

中国共产党百年发展历史，实际上就是一部为中国人民谋幸福、为中华民族谋复兴的奋斗历史，无论在任何时期，党员领导干部都凭借着自身的坚定信仰和无私奉献，为国家、为人民、为民族作出了杰出贡献。尤其是新时代以来，一个又一个党员干部把使命放在心中，把责任扛在肩上，打赢了脱贫攻坚战，如期实现了全面小康，交出了人民满意的时代答卷。这背后离不开党员干部驻村帮扶、积极作为、主动担当的干事创业精神。

当前，中国共产党已经成为在世界上人口最多的国家长期执政、领导人民创造了并继续创造一个又一个彪炳史册的人间奇迹的世界第一大执政党。承平日久，怠惰乃生。习近平总书记指出："我们要居安思危，时刻警惕我们这个百年大党会不会变得老态龙钟、疾病缠身。"① 一个政权取得成功不易，保持成功、继续成功更难。中国共产党如何在长期执政的条件下，始终保持干事创业的精神状态时刻考验着全党上下。踏上新征程，面对更为严峻复杂的国内外环境、更为光荣艰巨的使命任务，必须一以贯之地保持干事创业的精神状态，下力气、花功夫解决好党内出现的思想松动、精神懈怠现象，这样才能够在前进的道路上披荆斩棘、勇往直前。

2. "始终保持干事创业精神状态"之难，难在"干"

一切难题，只有在实干中才能破解；一切蓝图，只有在实干中才能实现。习近平总书记强调，业绩都是干出来的，真干才能真出

---

① 《习近平谈治国理政》第四卷，外文出版社 2022 年版，第 544 页。

业绩、出真业绩，实现中华民族伟大复兴的中国梦就需要脚踏实地地"干"。唯奋斗者进，唯奋斗者强，唯奋斗者胜。伟大梦想不是等得来、喊得来的，而是拼出来、干出来的。

步入新时代，我们比历史上任何时期都更接近、更有信心和能力实现中华民族伟大复兴的目标。身处大有可为的重要机遇期，我们党内一些党员被胜利冲昏头脑，贪图享乐、不思进取，出现奋斗精神不振、担当劲头不够、干事能力不足的问题，这些问题如果不及时解决，会使我们党日益脱离群众、迷失初心，如果不沉下心来抓落实，再好的目标，再美的蓝图，也只是镜中花、水中月。进入实施"十四五"规划承上启下的关键之年，党员、干部必须以"功成不必在我"的精神境界和"功成必定有我"的使命意识，增强志气、骨气、底气，把"想干事"当作一种精神追求，把"能干事"当作一种能力挑战，把"干成事"当作一种既定目标，以求真务实、埋头苦干的精神，强化政治担当，自觉担负起党和人民赋予的时代重任，积极投身于新时代中国特色社会主义伟大实践，创造经得起检验的新业绩。

3. "始终保持干事创业精神状态"之难，难在"创"

工欲善其事，必先利其器。一个能干成事的人最重要的心得就在于有没有创新思维、有没有跳出固有模式的能力。"干事创业"中"创"字意味着勇于创造、敢为人先的拼搏进取精神。中国共产党自成立以来，凭着敢为人先的精神，把一个个"不可能"变成了"可能"。我们依靠创造精神走到今天，也必然要依靠创造精神走向未来。

在完成第二个百年奋斗目标，实现中华民族伟大复兴的新征程上，党面临的可以预料和难以预料的风险挑战异常复杂严峻。习近平总书记反复强调要发扬将革命进行到底的精神，但在实际工作中，部分党员干部不作为、无斗志，甘当"传声筒""中转站""太平官"，遇到困难绕着走、碰到难题往上交，缺乏攻坚克难的锐气和斗志。对此，全党必须高度重视，纠治不作为、无斗志现象，提振全党的士气和斗志，以勇往直前、敢于拼搏的创业精神主动担当、积极作为，保持勇往直前、风雨无阻的战略定力，准确识变、科学应变、主动求变，在危机中育先机、于变局中开新局。奋进新征程、建功新时代，更加需要大力弘扬伟大创造精神，持续推进理论创新、实践创新、制度创新、文化创新以及其他各方面创新，不断为中华民族伟大复兴提供更为完善的制度保证、更为坚实的物质基础、更为主动的精神力量。

## 三、新时代始终保持干事创业精神状态的实践要求

历史经验告诉我们，一个实际行动胜过一部纲领。无论是过去、现在还是将来，干事创业精神永不过时，尤其是中国共产党正在带领全国各族人民踏上实现中华民族伟大复兴不可逆转的伟大征程，面对百年未有之大变局和前进道路上的艰难险阻，坚持和发扬干事创业精神对于鼓舞全党实现第二个百年奋斗目标，激励全党全国各族人民大众创业、万众创新具有重要的教育价值。习近平总书记在党的二十大上郑重告诫："全党同志务必不忘初心、牢记使命，务必谦虚谨慎、艰苦奋斗，务必敢于斗争、善于斗争，坚定历史自信，增强历史主动，谱写新时代中国特色社会主义更加绚丽的华章。"① 中国共产党是中国特色社会主义事业的坚强领导核心，

---

① 习近平：《高举中国特色社会主义伟大旗帜　为全面建设社会主义现代化国家而团结奋斗——在中国共产党第二十次全国代表大会上的报告》，人民出版社 2022 年版，第1—2页。

前进路上必须准确把握保持干事创业精神状态的时代要求，提升党员干部的学习本领、履职本领、为民本领、廉洁本领，以愿担当、敢担当、善担当的精气神解决好这一大党独有难题。

### （一）锤炼"真"的作风，提升"学习本领"

列宁曾指出，"没有革命的理论，就不会有革命的运动"[①]；刘少奇同志把理论学习作为党员修养的第一条；习近平总书记强调，要炼就"金刚不坏之身"，必须用科学理论武装头脑。重视思想建党、理论强党是中国共产党的优良传统，也是始终保持干事创业精神状态的重要举措。中国共产党从无到有、从弱到强，正是依靠学习走到今天，也必然要依靠学习走向未来。

#### 1. 加强全党的理想信念教育

"一个政党的衰落，往往从理想信念的丧失或缺失开始。我们党是否坚强有力，既要看全党在理想信念上是否坚定不移，更要看每一位党员在理想信念上是否坚定不移。"[②] 理想信念是党员干部的精神之钙，理想信念一旦产生动摇，便会失去斗争的勇气、奋进的力量。因此，必须注重加强全党的理想信念教育，提升党员干部的党性修养。一是坚持共产主义远大理想和中国特色社会主义共同理想教育相结合。在对党员进行理想信念教育的过程中，必须紧密将共同理想和现实目标结合起来，使他们深知共产主义的实现将是一个漫长而艰巨的过程，同时又要清醒地认识到，我们现在所做的一切就是为共产主义大厦添砖加瓦的过程。党员干部在奋力实现第二个百年奋斗目标的新征程中，应进一步提高坚定理想信念的自觉性，脚踏实地、久久为功，自觉做远大理想、共同理想的坚定信仰

---

① 《列宁选集》第 1 卷，人民出版社 2012 年版，第 153 页。
② 《习近平谈信仰信念》，《人民日报海外版》2012 年 6 月 7 日。

者和忠实实践者。二是锤炼党员干部的党性修养。习近平总书记多次指出，党性教育是共产党人修身养性的必修课，也是共产党人的"心学"。党性是马克思主义政党的本质属性，是党员干部立身、立业、立言、立德的基石。党员干部在实际工作中，必须以党的旗帜为旗帜、以党的方向为方向、以党的意志为意志，深刻领悟"两个确立"的决定性意义，增强"四个意识"、坚定"四个自信"、做到"两个维护"，自觉在思想上政治上行动上同以习近平同志为核心的党中央保持高度一致，永葆对党忠诚的政治品质。

2. 用党的创新理论，武装头脑、指导实践

理论创新是我们党的优良传统，也是我们党领导人民不断走向胜利的法宝。党的十八大以来，以习近平同志为核心的党中央，把坚持马克思主义和发展马克思主义统一起来，结合新的实践不断作出新的理论创新，创立了习近平新时代中国特色社会主义思想，是马克思主义中国化时代化最新的理论成果。在实践中，必须切实增进对这一思想的学习、贯彻和落实能力。一是加强全党理论学习，建设马克思主义学习型政党。以党的二十大精神为根本遵循和行动指南，坚持不懈抓好党的创新理论武装这个首要任务，坚持用习近平新时代中国特色社会主义思想武装头脑、教育人民，深刻领悟这一思想涵盖的"十个明确""十四个坚持""十三个方面成就"所形成的理论、实践、成就一体化的思想伟力。二是牢牢把握贯穿习近平新时代中国特色社会主义思想的基本立场、观点和方法，抓好必须坚持人民至上、必须坚持自信自立、必须坚持守正创新、必须坚持问题导向、必须坚持系统观念、必须坚持胸怀天下的关键举措。这"六个必须坚持"构成相互联系、内在统一的有机整体，是我们深入学习、全面贯彻习近平新时代中国特色社会主义思想必须牢牢把握的基本点。三是坚持学思用贯通、知信行统一，在实践

中切实加深对这一思想的认同和维护，并转化为锤炼党性、指导实践、推动工作的强大力量，用习近平新时代中国特色社会主义思想凝心铸魂。并牢牢把握这一思想的基本立场、观点和方法，转化为真抓实干、履职尽责的强大力量。

### 3. 坚持党内集中教育同日常教育相结合

党内集中学习教育是中国共产党凝聚思想共识、激发前进动力的独特优势。每逢重大历史的转折，在新形势、新任务面前，我们党总是要求全体党员加强学习；然而每一次的学习浪潮，都促进了党的事业的全面发展进步。站在新的历史起点上，必须继续推动党内集中教育与日常教育相结合，不断推动学习教育常态化长效化。一是坚持聚焦使命、紧扣中心、服务大局。百年以来，党内集中教育都是以为中国人民谋幸福、为中华民族谋复兴的初心使命及相应中心工作为主题主线开展。面对新时代新的使命任务，党内教育要找准切入点和着力点，紧抓以中国式现代化全面推进中华民族伟大复兴的中心任务，围绕这一主线建章立制，在构建好长效机制上下功夫，从而推动思想建党和制度治党同向发力、时时生效。二是坚持问题导向，注重解决存在的问题。解决自身存在的突出问题，是党内教育的主要目的，找准突出问题是首要环节。在开展党内集中教育时，必须坚持问题导向，及时发现问题、解决问题，并及时总结党内集中教育所取得的经验，使之融入经常性学习教育、融入日常学习生活，实现党内集中学习教育常态化，不断巩固和拓展党内集中学习教育的实际成效，更好地推动党员干部思想纯洁、组织纯洁、作风纯洁，把党建设得更加坚强有力。

### （二）锤炼"硬"的作风，提升"履职本领"

办好中国的事，关键在党，关键在人。一支过硬的干部队伍，是推进事业发展的坚强支撑和有力保证。习近平总书记在党的二十大报告中提出，"建设堪当民族复兴重任的高素质干部队伍。坚持德才兼备、以德为先、五湖四海、任人唯贤，树立选人用人正确导向，选拔忠诚干净担当的高素质专业化干部"①。应对前进路上的各种风险挑战，党员干部要持续提升履职本领、担当精神，做到推进工作有办法、应对困难有思路、面临挑战敢斗争。

1. 增强党员干部的政治历练

领导干部敢于担当、积极作为的根本前提是政治过硬，只有具备过硬的政治素质，才能在重大政治斗争和各种复杂情况面前坚定政治立场、永葆共产党人的政治本色。因此，必须增强党员干部的政治历练，将讲政治的要求内化于心、外化于行，在知行合一中主动担当、勇挑重担，成为忠诚干净担当的好干部。一是胸怀"国之大者"，不断提高政治判断力。党员干部要以国家政治安全为大、以人民为重、以坚持和发展中国特色社会主义为本，深刻认识我国进入新发展阶段面临的新形势新任务，善于准确识变、科学应变、主动求变，强化政治担当、练就政治慧眼，始终做到政治信仰不变、政治立场不移、政治方向不偏。二是深入学习党中央精神，不断提高政治领悟力。我们党作为马克思主义政党，讲政治是突出的特点和优势。党员干部应该具备更强的看齐意识，对党中央精神深入学习、融会贯通，坚持用党中央精神分析形势、推动工作，始终同以习近平同志为核心的党中央保持高度一致。三是政治执行力强不强，关键看贯彻落实党中央的决策部署是否及时、坚决、彻底。党员干部必须切实发扬钉钉子精神抓落实，提升政治执行力，

---

① 习近平：《高举中国特色社会主义伟大旗帜　为全面建设社会主义现代化国家而团结奋斗——在中国共产党第二十次全国代表大会上的报告》，人民出版社 2022 年版，第 66 页。

以"咬定青山不放松"的心态不断解决问题，把党中央决策部署的各项任务落实到位。

## 2. 加强党员干部的实践锻炼

领导干部只有经风雨、见世面，才能磨出真功夫、练出真本领。习近平同志反复强调："在实践中锻炼、考验和提高干部，始终是培养年轻干部的一个基本途径。越是有培养前途的年轻干部，越要放到艰苦环境中去，越要派到改革和发展的第一线去，让他们在实践锻炼中增强党性、改进作风、磨炼意志、陶冶情操、提升境界、增长才干。"[①] 加强党员干部的实践锻炼，一是要到基层一线历练。地方尤其是基层一线，是领导干部了解实际、向广大群众学习的好课堂。加快选派干部下沉到镇街、重点项目建设、信访维稳等基层一线岗位实践锻炼，通过在实际工作中了解基层的情况，了解人民群众的生产生活方式，从而让决策部署更有针对性、实效性地推进，提升广大干部务实功、求实效的干事创业能力。二是到艰苦地方磨炼。艰难困苦，玉汝于成。党员干部要主动沉到困难大、矛盾多、条件差的地方经风雨、练本领，实践证明，这种方式既有效保证了艰苦地区的工作需要，又培养锻造了干部的心性和能力，从群众中汲取营养智慧，从而增强应对复杂局面处理复杂问题的能力，提高敢担当、善担当、能担当的勇气，真正经受磨砺、增长本领。

## 3. 加强党员干部的专业训练

能力是履职尽责的"试金石"。习近平总书记指出，提高治国理政能力必须下大气力抓好专业训练，加强专业思维、专业方法训练。立足于中华民族伟大复兴战略全局和当今世界百年未有之大

---

① 习近平：《以改革创新精神做好培养选拔年轻干部工作——在全国培养选拔年轻干部工作座谈会上的讲话》，《人民日报》2009 年 3 月 31 日。

变局，党员干部干事创业不能空有一腔热血，而是要随着形势和任务的发展变化，不断提高自身专业素养和能力。一方面，要丰富专业知识。加强专业化知识培训和能力建设，帮助党员干部弥补知识弱项、能力短板、经验盲区；同时教育引导党员干部弘扬学思践悟、严实细深的"工匠精神"，将其内化于心、外化于行，加快知识更新、优化知识结构、丰富知识储备。另一方面，要提升专业能力。领导干部要结合工作需要学习，做到干什么学什么，缺什么补什么，善于向实践学、向基层学、向群众学，不断获取新知识、提升新本领、锤炼新能力，发扬斗争精神、增强斗争本领，勇于迎难而上、敢于啃硬骨头，努力成为可堪大用、能担重任的栋梁之材。

### （三）锤炼"实"的作风，提升"为民本领"

习近平总书记指出：我们这个党能够发展壮大起来不容易，夺取政权不容易，建设新中国不容易。为什么老百姓衷心拥护中国共产党？因为我们党始终全心全意为人民服务、为各民族谋幸福。①坚持人民至上、践行为民初心是中国共产党百年奋斗的宝贵历史经验，是习近平新时代中国特色社会主义思想的鲜明品格。新征程完成新的使命任务，归根结底需要坚持发展为了人民、发展依靠人民、发展成果由人民共享，不断增强人民群众的获得感、幸福感和安全感。

#### 1. 坚守人民立场，提升为民服务的思想境界

为民服务解难题，关键在于教育引导广大党员干部坚守人民立场，树立以人民为中心的发展理念，增进同人民群众的感情。全心全意为人民服务是中国共产党一以贯之的价值追求，领导干部要深

---

① 《习近平在青海考察时强调　坚持以人民为中心深化改革开放　深入推进青藏高原生态保护和高质量发展》，《人民日报》2021 年 6 月 10 日。

刻领悟以人民为中心的发展思想，永远把人民对美好生活的向往作为干事创业的出发点和落脚点。一是充分尊重和维护人民的主体地位。全面建设社会主义现代化国家并不是一蹴而就的，在新的征程中，一切发展必须依靠人民，并且充分尊重和维护人民的主体地位。激发和调动人民群众参与经济社会各项事业发展的主动性、积极性，使最广大人民群众的智慧和能力汇聚起来，从而为党员干部干事创业增添民众力量、汇集民众智慧。二是突出工作重点。在实际工作中，坚守人民立场不是盲目的，而是有针对性、有突出性的。任何时代，人民群众关注的利益问题往往是多方面的，解决处理这些问题要有轻重缓急，不能眉毛胡子一把抓。倾听和关注来自人民群众中的声音，解决人民最关心最直接最现实的利益问题要坚持整体推进和重点突破相结合，增加人民群众的获得感、幸福感和安全感。三是保持同人民群众的血肉联系。巩固和增进与人民群众的情感，与群众真正心连心，想群众之所想、急群众之所急、办群众之所盼。党员干部干事创业要坚持问政于民、问需于民、问计于民，通过扎实的努力，为增进人民群众福祉和满足人民群众美好生活的诉求提供坚实的保障。

2. 践行群众路线，提升为民服务的实际能力

群众路线始终是党的生命线和根本工作路线，是我们党永葆青春活力和战斗力的重要传家宝。党员干部必须牢牢把群众观点、群众路线深深根植于思想中、具体落实到行动之中，在全心全意为人民服务中增长政治智慧、增强政治本领，在真心实意向人民学习中凝聚群众智慧、总结群众经验、提高理论联系实际的水平。一是掌握科学的群众工作方法。做好群众工作是领导干部的重要职责，各级党组织贯彻落实政策的时候，必须以科学的工作方法为引领，制定各种方针政策时要切实考察人民群众的实际诉求，从人民群众的

实际需要出发，大力发展社会事业，实施惠民工程，缩小收入差距，补齐民生短板，推动发展成果更多更公平惠及全体人民。二是提升调查研究本领。调查研究是谋事之基、成事之道，没有调查就没有发言权。党员干部践行群众路线不是说空话、喊口号，而是要到群众身边面对面、肩并肩地问计于民。通过调研，及时发现群众反映问题背后的深层次原因，透过现象看本质，提升从实践中来又高于实践的本领和能力。践行群众路线，"行"是重点、是关键，只有把自己的"知"付诸为人民的"行"，才能体现群众路线的实际意义，广大党员干部要发扬实干精神，求真务实、真抓实干，用实实在在的工作成绩赢得人民群众的信任与支持。

### （四）锤炼"严"的作风，提升"廉洁本领"

习近平总书记在十九届中央纪委六次全会上鲜明强调，领导干部特别是高级干部要带头落实关于加强新时代廉洁文化建设的意见，从思想上固本培元，提高党性觉悟，增强拒腐防变能力。锤炼"严"的作风，提升"廉洁本领"是党员干部永葆干事创业精神状态的应有之义，要坚持思想"育廉"、文化"润廉"、道德"强廉"，培育积极健康的党内政治文化，筑牢拒腐防变的道德防线，树立崇德向善的行为规范、营造海晏河清的政治生态和社会风尚。

#### 1. 坚持思想"育廉"，夯实廉洁文化建设根基

信仰信念信心是中国共产党人的政治灵魂，信仰信念信心的不坚定，往往导致思想上的迷茫和行为上的险境，使自身坠入贪污腐败的罪恶深渊。坚定信仰信念信心，一要强化理论武装，增强政治定力。认真学习贯彻习近平总书记关于全面从严治党、党风廉政建设、廉洁文化建设的重要论述，从中汲取廉洁思想精华，补足精神

之钙、把稳廉洁思想之舵，坚定理想信念不动摇。二是加强廉洁思想教育，提高政治思想觉悟。将廉洁理念内化于心、外化于行，筑牢思想道德防线，自觉约束规范自身行为，增强抵制腐败的能力，检视自身思想作风和精神状态，把为党和人民事业贡献力量作为自己的最高追求，牢固树立正确的世界观、人生观、价值观以及权力观、政绩观、事业观。以理论上的坚定保证时刻自重自省，常修常炼、常悟常进，永葆清正廉洁的政治本色；以思想上的清醒增强廉洁从政的政治定力、怀德自重的抵腐定力，做到珍惜权力、管好权力、慎用权力，以良好社会风气的熏陶不断厚植党员干部廉洁奉公的思想境界，使广大党员干部始终坚守共产党人的高尚品格和廉洁操守。

## 2. 坚持文化"润廉"，拓展廉洁文化建设内涵

文以化人，廉以养德。习近平总书记强调，党员、干部要不断提升人文素养和精神境界，去庸俗、远低俗、不媚俗，做到修身慎行、怀德自重、清廉自守，永葆共产党人政治本色。[①] 坚持初心、坚守正道，永葆中国共产党人廉洁政治本色，必须坚定文化自信，推进新时代廉洁文化建设持续健康发展。廉洁文化根植于中华大地，深受中华优秀传统文化、革命文化和社会主义先进文化的影响，这"三种文化"共同筑造廉洁文化的"根"与"魂"。新时代廉洁文化建设，一是要汲取中华优秀传统文化中的营养和智慧，加强中华优秀传统廉洁文化的教育，从古代仁人志士的思想、经典书籍名句的学习中深刻领悟蕴含其中的廉洁思想，用中华优秀传统文化滋养廉洁自律意识，强化自我修炼、自我约束、自我塑造，培养清正廉洁的价值观念，涵养克己奉公、清廉自守的精神境界。二

---

① 《全面贯彻落实党的十八届六中全会精神　增强全面从严治党系统性创造性实效性》，《人民日报》2017年1月7日。

是要坚持用革命文化淬炼身心，加强红色革命文化教育，通过深入学习革命先辈光荣的廉洁故事、瞻仰红色革命教育基地，传承红色基因，继承革命先辈崇廉、敬廉的优良品格，弘扬中国共产党人伟大革命精神。三是要坚持用社会主义先进文化培育为政清廉、秉公用权的文化土壤，总结提炼新时代全面从严治党的成功经验，大力培育宣扬大公无私、一身正气、两袖清风的廉政模范，形成公道正派、廉荣贪耻的文化环境。

3. 坚持道德"强廉"，培养廉洁自律道德操守

道德品格对于个人、对于社会来说都具有基础性作用。加强道德修养、提升道德境界，对每个党员、干部来说都是必修课。习近平总书记指出："一个民族、一个人能不能把握自己，很大程度上取决于道德价值。"① 领导干部要讲政德。政德是整个社会道德建设的风向标。立政德，就要明大德、守公德、严私德。② 政德是社会道德建设的风向标，领导干部只有修好政德，才能发挥"头雁"作用，带动整个社会道德风尚的好转。真正做到"为政以德"，必然要将廉洁文化建设融入党内政治生活全过程、贯穿党的建设各个方面，并且与党风廉政各项工作紧密结合。一是全党上下要将政德教育融入党内政治生活、党内主题教育、党内系列培训之中，把廉洁要求贯穿干部日常工作、家庭教育之中。在干部选拔任用中，既重能力又重品行，既重政绩又重政德，为品德端正、对党忠诚的干部干事创业提供机会、创造条件。二加强党章党规学习，明确法纪底线。各级党组织要把学习掌握党章党规党纪作为合格党员的基本要求，列入"三会一课"内容，促进党内

---

① 《习近平关于全面深化改革论述摘编》，中央文献出版社 2014 年版，第 88 页。
② 《习近平李克强栗战书赵乐际分别参加全国人大会议一些代表团审议》，《人民日报》2018 年 3 月 11 日。

法规学习常态化制度化，形成尊崇党章、遵守党纪的良好习惯，把自身学习、工作、生活及思想、作风等各方面都主动置于党组织和群众监督之下，实现党内学法用法守法的长效化，打造忠诚可靠的干部队伍。

# 第五章　如何始终能够及时发现和解决自身存在的问题

能胜强敌者，先自胜者也。100 多年来，中国共产党始终坚持真理、修正错误，敢于正视自身问题、克服缺点，才能由小到大、由弱到强，永葆党的生机和活力。新时代新征程，面对大党独有难题的新考验，我们要高度警醒、居安思危，必须保持"始终能够及时发现和解决自身存在的问题"的清醒和坚定，经得起历史和人民检验。

## 一、必须时刻保持及时发现问题、解决问题的清醒和坚定

坚持问题导向是马克思主义世界观和方

法论的鲜明特征。马克思曾深刻指出："问题就是时代的口号。"①
鲜明的问题导向和实践品格正是马克思主义强大的生命力所在，马
克思主义始终在直面问题、勇于回答时代问题的过程中破浪前行。
中国共产党作为最具先进性和纯洁性的马克思主义政党，也始终坚
持问题导向，能够时刻保持及时发现问题、解决问题的清醒和
坚定。

### （一）坚持问题导向是马克思主义政党的理论品格和根本要求

人类认识和改造世界的过程是发现、分析和解决问题的过程。
坚持问题导向是马克思主义政党进行革命斗争的重要方法论。坚持
问题意识，回答时代问题，是马克思主义理论创新发展的必然要
求，也是马克思主义政党立足新时代、解决新问题的关键。

#### 1. 坚持问题导向破解人类社会发展规律

马克思、恩格斯根据历史发展规律预见了社会发展的走向，通
过细致研究人类发展历史，揭示了人类社会发展的一般规律和资本
主义社会发展的特殊规律，把握了生产力与生产关系、经济基础与
上层建筑的基本矛盾。马克思、恩格斯坚持问题导向，揭露了资本
主义社会的弊端，提出资本主义必然灭亡，社会主义必然胜利的
规律。

一方面，马克思、恩格斯揭露了资本主义社会的弊端，资本主
义本身所固有的基本矛盾，即社会化大生产与资本主义生产资料私
人占有之间的不相容性，导致了生产力的发展与资本主义生产关系
特殊限制之间的冲突不可避免，当这一矛盾达到顶峰时，资本主义
社会就会爆发严重的危机。《共产党宣言》指出："现代的资产阶

---

① 《马克思恩格斯全集》第 40 卷，人民出版社 1982 年版，第 289 页。

级私有制是建筑在阶级对立上面，建筑在一些人对另一些人的剥削上面的产品生产和占有的最后而又最完备的表现。"① 资本家为了赚取更多的利润，会强迫一无所有的无产阶级进行高强度的劳动，以占有更多的剩余价值，以此积累起巨额的财富。因此，资本主义阶段的社会并没有消除封建社会中的阶级对立，而是以新的形式、新的剥削代替了旧的压迫。因此，资本主义经济危机是资本主义社会经济发展本身的规律，是资产阶级自身无法改变和无法避免的。

另一方面，他们也看到了资本主义必将被社会主义所取代。马克思通过对资本主义进行批判，指出"资产阶级的灭亡和无产阶级的胜利是同样不可避免的"②，无产阶级战胜资产阶级，社会主义取代资本主义，人类社会最终进入共产主义，都是不以人的意志为转移的历史趋势。马克思主义认为，自然界的演进遵循其固有的规律，人类社会的发展也是这样。人类社会发展规律，同样不以人的意志为转移，既不能被创造，也不能被消灭。人类社会形态的发展总是由低级向高级转变，奴隶社会取代原始社会、封建社会取代奴隶社会、资本主义社会取代封建社会，尽管这个过程是曲折、漫长的，但历史发展的总趋势是不会改变的，资本主义终将被更高级的社会形态所取代同样是不可阻挡的历史趋势。

2. 坚持问题导向探索社会主义建设规律

社会主义建设规律，回答的是社会主义的定位和建设社会主义的路径问题，即"什么是社会主义、怎样建设社会主义"这一根本问题的规律性认识，包含了社会主义的发展道路、发展阶段、发展方式、发展环境、发展力量等。社会主义从空想到科学、从理论到实践、从一国实践到多国实践的历史发展过程，也是社会主义建

---

① 马克思、恩格斯：《共产党宣言》，人民出版社 2018 年版，第 42 页。
② 马克思、恩格斯：《共产党宣言》，人民出版社 2018 年版，第 40 页。

设规律不断呈现、不断被人们认识的过程。

　　资本主义的发展，必然会使资本主义的基本矛盾越来越尖锐，日趋激化，导致周期性生产过剩经济危机的发生。如 1825 年，英国爆发了全国性的生产过剩的经济危机，此后每隔 10 年左右重复一次。1847 年发生了席卷整个欧洲的经济危机，造成了世界性的影响。经济危机的频繁发生，给资本主义社会的生产力造成了巨大破坏，同时给无产阶级和劳动群众带来了深重的灾难。资本主义内在矛盾的暴露，使工人阶级和资产阶级的矛盾也趋于尖锐，工人反抗资本家的抗争此起彼伏。随着工人阶级政治意识的不断增强，逐渐发展成为大规模的工人武装起义，斗争的矛头开始指向资本主义制度。19 世纪三四十年代先后经历了法国里昂纺织工人运动、英国宪章运动、德国西里西亚纺织工人起义，这三次大的工人运动不再仅仅是自发的反抗，工人采取罢工、游行示威和武装起义等政治斗争方式，直接与资产阶级统治者面对面，公开提出了工人阶级的政治诉求，明确表明对资本主义制度的反抗，突出表现了阶级性的斗争。这些都标志着工人阶级已经作为独立的政治力量登上了历史舞台，但是由于没有科学的革命理论做指导，这三大运动最终都以失败告终。无产阶级还不能准确认识资本主义的本质，不能提出科学的行动纲领，没有组成强大的政党，还没有找到实现自身解放的正确道路。理论突破成为无产阶级革命的迫切需要。

　　由于欧洲资本主义的发展和工人运动的兴起，为科学社会主义的产生提供了现实依据。同时当时欧洲的三大思潮，即德国古典哲学、英国古典政治经济学、英法两国的空想社会主义，则为科学社会主义的产生提供了直接的理论来源。空想社会主义思想中虽然包含了很多合理的因素，但是随着无产阶级越来越独立，成为强大的政治力量，其对社会革命的要求就越来越迫切且具体，空想社会主义的理论缺陷就会逐渐对社会主义运动的发展造成阻碍。社会主义从空想到科学的发展，是无产阶级革命形势发展的客观要求，更是社会主义运动在理论和实践上的必然要求。马克思和恩格斯才使用科学社会主义这个名称，将其与空想社会主义进行区别。

社会主义建设规律是一个不断深化和发展的过程，它没有终结，也不可能终结。中国共产党在领导全国人民实行改革开放和进行社会主义现代化建设的伟大实践中，积累了丰富的经验，取得了巨大的成就，足以证明我们党所制定的基本路线、发展战略和一系列的方针政策，是符合社会主义建设规律的，体现了党对社会主义建设规律的认识和把握的不断深化。只有伴随着实践的更新，解放思想、实事求是、与时俱进地解决出现的新问题新矛盾，不断学习，不断总结，才能不断深化对社会主义建设规律的认识，提高我们党领导社会主义建设的水平，使新时代中国特色社会主义建设取得更大的成就。

### 3. 坚持问题导向探索共产党执政规律

共产党执政规律，是反映共产党作为马克思主义政党在执政过程中应该遵循的执政理念和执政方略，应该采取的执政体制和执政方式，应该巩固的执政基础和执政资源，应该创造的执政条件和执政环境等。从俄国十月革命胜利、无产阶级政党执掌政权，到新中国成立、中国共产党连续执政70多年并始终保持蓬勃朝气，共产党人在正反两方面经验的对比中对执政规律的认识愈加清晰。1871年3月，巴黎工人在外敌入侵的危急形势下经过普选组成公社委员会，成为世界上第一个新的工人革命政权。马克思称巴黎公社"实质上是工人阶级的政府，是生产者阶级同占有者阶级斗争的产物，是终于发现的可以使劳动在经济上获得解放的政治形式"①。可是，这一无产阶级革命政权的先驱，只存在了两个多月就被敌人血腥镇压下去了。

到 20 世纪初，列宁带领布尔什维克党深入研究和领会了马克思主义关于国家和无产阶级专政的学说及巴黎公社的经验教训，结合俄国革命的实际，确认苏维埃是无产阶级专政的俄国形式，决心建立从下到上遍及全国的工人、雇农和农民代表苏维埃的共和国。1917 年 11 月 7 日，以列宁为首的布尔什维克党，领导俄国工人、农民和革命士兵发动起义实行社会主义革命，推翻了资产阶级临时政府，组成苏维埃政权，剥夺资本家的工厂企业由工人监督、管理，没收地主的土地归农民所有。由此，世界上也首次出现了无产阶级政党领导的正规的工农武装。十月革命是 20 世纪国际共产主义运动的序幕，触发了此后各国社会主义运动在全球范围的扩张，许多殖民地或半殖民地的解放运动也因此得到了更多支持。十月革命是俄国工人阶级在布尔什维克党领导下联合贫农所完成的伟大的社会主义革命，是共产主义运动在人类历史上首次获得的胜利，被认为是无产阶级第一次掌握政权，是人类历史上一次意义重大的变革。列宁领导的十月革命和苏联社会主义建设的探索，开创了一条经济文化落后的国家如何走上社会主义革命的成功道路。马克思、恩格斯和列宁都强调要把理论看作"行动的指南"，不能教条地执行理论，而是要让理论不断地调整适应现实。在经过赫鲁晓夫、戈尔巴乔夫等人的改革后，马克思主义逐渐丧失在苏联意识形态领域的指导地位，用所谓的"团结和睦"代替积极的思想斗争，使资产阶级自由化思潮在苏联迅速泛滥起来，最终彻底背叛了马克思列

---

① 《马克思恩格斯选集》第 3 卷，人民出版社 2012 年版，第 102 页。

宁主义，把苏联社会主义引向了歧途。苏联共产党曾是世界上最强大的马克思主义政党，却在拥有近 2000 万名党员时解体覆亡。不仅在于意识形态的僵化保守、体制改革的偏离，更是由于执政党逐步丧失先进性和纯洁性。苏共执政后期，党员干部的思想政治素质越来越弱化，特别是苏共内部形成的庞大官僚特权阶层日益脱离人民群众，苏共制定的政策也越来越脱离人民群众的利益，党群干群关系日益紧张，党的威信逐渐降低。中国共产党在总结世界各无产阶级政党执政的成功经验与教训后，对马克思主义政党的执政规律有了更加清晰的认知，我们党把马克思主义基本原理同中国具体实际相结合、同中华优秀传统文化相结合，创立了毛泽东思想，形成了中国特色社会主义理论体系，创立了习近平新时代中国特色社会主义思想。

## （二）及时发现问题、解决问题是党应对世界之问、时代之问、历史之问的主动选择

世界百年未有之大变局加速演进，各种可以预料和难以预料的风险增多，党对我们当前所处的历史方位、肩负的历史使命、面临的复杂环境有着清醒的认知。习近平总书记强调："面对快速变化的世界和中国，如果墨守成规、思想僵化，没有理论创新的勇气，不能科学回答中国之问、世界之问、人民之问、时代之问，不仅党和国家事业无法继续前进，马克思主义也会失去生命力、说服力。"[1] 要有强烈的问题意识，要以重大问题为导向，抓住关键问题进一步研究思考，着力推动解决我国发展面临的一系列突出矛盾和问题，更好地回答世界之问、时代之问、人民之问。

---

① 《习近平谈治国理政》第四卷，外文出版社 2022 年版，第 30 页。

## 1. 科学主动求变，应对世界之问

当前在世界百年未有之大变局之际，中国面临众多压力与挑战。习近平总书记指出："这场变局不限于一时一事、一国一域，而是深刻而宏阔的时代之变。"① 在这场大变局中，世界进入新的动荡变革期，世界面临着更具全局性、复杂性、不确定性的挑战。国际问题复杂繁多，逆全球化思潮抬头，单边主义、保护主义明显上升，世界经济复苏乏力，局部冲突和动荡频发。国内矛盾风险诸多，发展不平衡不充分问题仍然突出，推进高质量发展还有许多卡点瓶颈，科技创新能力还不强，改革发展领域任务艰巨，城乡区域发展和收入差距仍然较大等。

习近平总书记在党的二十大报告中提出："中国共产党为什么能，中国特色社会主义为什么好，归根到底是因为马克思主义行，是中国化时代化的马克思主义行。"② 中国共产党之所以能始终走在时代前列，是因为我们党在长期革命、建设、改革实践中形成了自己独特的政治优势、思想优势、组织优势、作风优势、纪律优势等等，能够及时利用这些优势解决自身存在的问题。中国共产党以马克思主义为指导思想和行动指南。马克思主义是不断发展的开放的理论，能够不断探索时代发展提出的新课题、回应人类社会面临的新挑战。中国共产党坚持以马克思主义为指导，能使我们党站得高、看得远。在推进马克思主义中国化的进程中，我们党善于把马克思主义基本原理同中国具体实际相结合，不断根据时代的发展，创新党的理论，解决现实问题。

---

① 《习近平谈治国理政》第四卷，外文出版社 2022 年版，第 483 页。
② 习近平：《高举中国特色社会主义伟大旗帜　为全面建设社会主义现代化国家而团结奋斗——在中国共产党第二十次全国代表大会上的报告》，人民出版社 2022 年版，第 16 页。

大变局带来大挑战，也带来大机遇，我们必须因势而谋、应势而动、顺势而为。在波谲云诡的形势下，我们党必须辩证认识和把握国内外大势，统筹两个大局，深刻认识我国社会主要矛盾发展变化带来的新特征新要求，深刻认识错综复杂的国际环境带来的新矛盾新挑战，准确识变、科学应变、主动求变，勇于直面问题，破解难题。

2. 洞察时代脉络，把握时代之问

在任何一个时代的发展中，总有许许多多参与者，这些参与者就像一列前进的队伍，有的走在前列，有的走在中间，有的走在后面。政党要想引领社会发展，必须走在时代前列。能否走在时代前列，是判断一个政党是否具有先进性的重要标准。政党要走在时代前列，必须具备许多特质。比如，能准确把握时代发展潮流，能解决时代面临的主要问题，能引领时代前进方向。中国共产党之所以"能"，就在于我们党总是能洞察时代问题，把握时代脉搏，顺应时代潮流，始终走在时代前列，在历史前进的逻辑中前进，在时代发展的潮流中发展，不断彰显自己的先进性。比如，早在革命战争时期，北伐战争的胜利进军，进一步推动了全国农民运动的蓬勃发展，中共中央决定成立由毛泽东任书记的中央农民运动委员会。在毛泽东的主持下，中央农委决定以湖南、湖北、江西、河南四省农运为重点，同时在陕、川、桂、闽、皖、苏、浙等七省全面推动农民运动。从20世纪70年代后期到80年代中期，邓小平同志就敏锐觉察到时代的新变化，认为："国际上有两大问题非常突出，一个是和平问题，一个是南北问题。"① 而南北问题就是发展问题。正是基于这一正确认识，我们党形成了对时代主题和时代特征的科

---

① 《邓小平文选》第三卷，人民出版社1993年版，第96页。

学判断。我们党之所以能开创中国特色社会主义道路，提出"三步走"战略目标，集中精力搞建设、谋发展，与对时代主题的科学判断紧密相关。

我们党在各个时期坚持一切从实际出发，及时回应时代之问，形成立足时代、引领时代的科学理论，具有鲜明的时代性，确保我们党继续走在时代前列。一个政党保持先进性的重要表现就是善于在喧哗声中聆听时代的声音，解决时代的问题。时代的主要问题是社会主要矛盾的集中体现，面对百年奋斗历史，我们党对中国社会主要矛盾的认识和判断是与时俱进不断更新的。从党的八大首次提出国内的主要矛盾是"先进的社会制度与落后的生产力之间的矛盾"；到党的十一届六中全会提出我国的主要矛盾是"人民日益增长的物质文化需要同落后的社会生产之间的矛盾"，把党和国家工作的重点转移到以经济建设为中心上来；再到党的十九大报告中指出："中国特色社会主义进入新时代，我国社会主要矛盾已经转化为人民日益增长的美好生活需要和不平衡不充分的发展之间的矛盾。"① 经历了三次对社会主要矛盾的重新认识，反映了我们党以问题为中心，切实抓住时代本质，回应时代呼唤。中国共产党坚持准确把握中国社会主要矛盾，解决重大时代课题，接续推进中国特色社会主义现代化建设。

## 3. 勇于自我革命，回应人民之问

党的二十大报告深刻指出，我们党作为世界上最大的马克思主义执政党，要始终赢得人民拥护、巩固长期执政地位，必须时刻保持解决大党独有难题的清醒和坚定；要求全党落实新时代党的建设总要求，健全全面从严治党体系，全面推进党的自我净化、自我完

---

① 《习近平谈治国理政》第三卷，外文出版社 2020 年版，第 9 页。

善、自我革新、自我提高，使我们党坚守初心使命，始终成为中国特色社会主义事业的坚强领导核心。

全面建设社会主义现代化国家、全面推进中华民族伟大复兴，关键在党。全面从严治党关系民心这个最大的政治。要坚持人民至上的根本政治立场，坚定不移推进全面从严治党，以勇于自我革命的政治品质，不断追求"我将无我，不负人民"的精神境界，确保人民赋予的权力能够始终沿着为人民谋福祉的方向高效廉洁地运行。人民是中国共产党执政兴国的力量源泉和最大的底气，坚持以人民为中心是党的奋斗目标的价值导向，人民立场是全面从严治党和反腐败斗争的基本政治站位。正是因为我们党在任何时候都把人民群众的利益放在首位，没有自己的特殊利益，才能有正视问题的自觉和勇于自我革命的勇气。中国共产党的初心和使命就是为中国人民谋幸福、为中华民族谋复兴，这个初心和使命是不断激励中国共产党人前进的根本动力，我们党要永葆马克思主义政党的先进性和纯洁性，就要笃行全心全意为人民服务的宗旨，在不断追求现代化国家建设的新征程上，始终做人民的主心骨，只有坚定以人民为中心的价值理念，把为人民服务的宗旨内化于心、外化于行，同一切弱化党的先进性和损害党的纯洁性的问题作彻底斗争，才能将新时代全面从严治党推向深入，才能真正担负起为人民谋福祉的根本使命。

我们党作为世界上最大的马克思主义执政党，要敢于直面自身问题、敏锐发现问题、解决问题，时刻保持解决党内难题的清醒和坚定，提升党性修养，坚持"三个务必"，不断增强党的创造力、凝聚力和战斗力，始终保持党同人民群众的密切联系，把立党为公、执政为民作为根本出发点和落脚点，实现好、维护好、发展好最广大人民的根本利益，才能夯实党的执政地位的群众基础，巩固执政地位，永葆生机活力，始终得到人民群众的拥护和支持。

百年大党历经风霜雨雪，从一百多年前只有 50 多名党员到拥有 9800 多万名党员、领导着 14 亿多人口大国的世界上最大的马克思主义执政党，中国共产党无比自豪地走在时代前列。在全面建设社会主义现代化国家新征程上，党面临的"四种考验""四大危险"依然存在，我们必须始终保持思想上的清醒和行动上的坚定，时刻自我审视，及时发现和解决自身问题，决不能有疲劳厌战的情绪，才能保持党的先进性，引领时代发展，不断向人民交出满意的答卷。

## 二、"始终能够及时发现和解决自身存在的问题" 是必须解决的大党独有难题

习近平总书记在党的二十大报告中强调，我们要增强问题意识。中国共产党始终坚持真理、修正错误，敢于正视自身问题、克服缺点，新时代新征程，面对"始终能够及时发现和解决自身存在的问题"大党独有难题的新考验，要高度警醒、居安思危，增强预判问题、认识问题、解决问题的能力，经得起人民群众的检验。

### （一）难在增强预判问题的能力

习近平总书记多次强调，要"增强驾驭风险本领，健全各方面风险防控机制，善于处理各种复杂矛盾，勇于战胜前进道路上的各种艰难险阻，牢牢把握工作主动权"①。问题与危机事件的发生

① 《习近平谈治国理政》第三卷，外文出版社 2020 年版，第 54 页。

往往有一个酝酿、循序渐进发展的过程，而不是无中生有，预判问题的发生是防范风险、解决问题的前提，是效果最好、成本最小的应急处突的方式。事先预判问题，是增强战略主动的关键，面对突发性事件和灾难，能否快速高效地处理应对，是对党员干部领导能力和工作水平的重要考验。

习近平总书记强调，提高解决实际问题能力是应对当前复杂形势、完成艰巨任务的迫切需要，也是年轻干部成长的必然要求。[①]只有把问题想在前，才能保证不打无准备之仗，为党内推进工作提供坚实保障。增强对自身问题的预见能力，难点在主动自省自身的薄弱点，要集中关键问题有的放矢进行监督；重点在提高理论水平，没有对科学理论的清晰认知，就没有对问题的科学预见；要点在磨炼思维本领，勤学善思，才能在细微之处捕捉问题，洞察先机。党员干部在细微之处积累经验，提升预见问题和洞察问题的能力，面对偶发性公共卫生事件、社会安全事件等风险时，能够变被动为主动，下好先手棋、打好主动仗，强化风险意识和忧患意识，做好随时应对各种风险挑战的准备，努力把风险和问题解决在萌芽状态。

## （二）难在精准聚焦突出问题

找准问题是解决问题的前提，要精准扫描，找出突出问题，坚决杜绝"骄傲自满"看不到问题、"讳疾忌医"不想找问题、"眼神散光"找不准问题。要广泛听取群众的意见建议，坚决不搞自说自话、自拉自唱，更不能自吹自擂。对照标杆寻问题，以党章党纪为约束，以先进人物、典型事迹为榜样，在聚焦细节中找出自身

---

[①] 《年轻干部要提高解决实际问题能力　想干事能干事干成事》，《人民日报》2020年10月11日。

存在的问题，在比较对照中明确差距。

党员干部在寻找问题时，要对不同单位不同领域的问题进行分类，找出这些问题的共性，有针对性地制定整改方案，剖析问题产生的根源，分析党员在党的意识、理想信念、政治纪律、政治规矩、道德品格等方面存在的问题，将这些问题整理归类，分别建立整改台账，从一个个具体问题改起，从一件件具体事情做起，对个性问题边学边改、即知即改，对共性问题上下联动、专项整治。

聚焦才能精准，精准才更有力。党员干部盯问题要瞄准"关键少数"，要注重从群众急难愁盼中找不足，想问题也要聚焦重要环节，解决突出问题是全面从严治党的根本途径。问题有焦点，监督才有力量。聚焦突出问题，落实全面从严治党，要在真抓实干见成效上下功夫，严肃党内生活，直击问题关键、抓住问题要害，问题发现得越精准，整改措施就越务实，问题解决就会越有效。精准发现存在的深层次问题，才能抓住主要矛盾和矛盾的主要方面，及时有针对性地督促问题整改，保障监督执行作用的有力发挥。

## （三）难在从思想上认识问题

党内存在的一些问题从根源上来说就是思想问题。思想上松一寸，行动上就会散一尺，思想的口子一旦打开，那就可能一泻千里。"求木之长者，必固其根本；欲流之远者，必浚其泉源"。对党员、干部来说，思想上的滑坡是最严重的病变，"总开关"没拧紧，不能正确处理公私关系，缺乏正确的是非观、义利观、权力观、事业观，各种出轨越界的行为就在所难免了。

一时的思想问题解决并不等于永远解决。思想的灰尘要定期清理，回顾党的百年奋斗历程，中国共产党能够历经磨难而百折不挠，饱经风霜而斗志更坚，一个非常重要的原因就是中国共产党始终重视思想建党、理论建党，始终坚持自省自察，善于从根子上找问题，从思想源头发现问题，从内心深处解决问题，使全党始终保持统一的思想、坚定的意志、协调的行动、强大的战斗力。从古田会议第一次以党的决议的形式确立了"思想建党"的基本原则到党的十八大以来开展的党的群众路线教育实践活动、"三严三实"专题教育、"两学一做"学习教育、"不忘初心、牢记使命"主题教育、党史学习教育、学习贯彻习近平新时代中国特色社会主义思想主题教育等集中性教育活动，前后相继、一以贯之，都是以思想教育贯穿始终，事业发展永无止境、共产党人的初心永不改变，体现了初心立党、思想建党、理论强党的必胜信念。

党员干部对于自身存在的问题不能推诿敷衍，从思想上正视和面对问题，勇于正视问题，才能解决问题。正视问题就要深挖细查思想根源，找准问题症结，清醒地认识到解决每个问题的艰巨性和必要性。要克服害怕揭发自身问题、"家丑不可外扬"的错误观念，自觉从主观找原因，切中问题要害。我们的赶考之路远未结束，党员干部决不能安于现状，坚决抵制"四风"问题，树立正确的世界观、人生观、价值观，杜绝腐败滋生的思想根源，率先做到自我查找不足，自我检视问题，自我反省缺点，不断增强正视自身问题的自觉，养成自我审视的习惯，以刮骨疗毒的勇气，壮士断腕的魄力，永葆马克思主义政党的本色。

### （四）难在从行动上解决问题

面对当今世界复杂的形势和艰巨的任务，我们要在危机中育先机、于变局中开新局，干部特别是年轻干部要提高政治能力、调查研究能力、科学决策能力、改革攻坚能力、应急处突能力、群众工作能力、抓落实能力，勇于直面问题，想干事、能干事、干成事，练就能够解决问题、破解难题的本领。习近平总书记强调要提高七种能力，正是着眼于新形势新任务，对干部特别是年轻干部提出的明确要求，对于解决时代新问题，具有重大的现实意义和深远的历史意义。

习近平总书记指出："严重的问题不是存在问题，而是不愿不敢直面问题、不想不去解决问题。"① 直面问题是勇气，解决问题是水平。要坚持有什么问题就解决什么问题，什么问题难就重点解决什么问题，什么问题突出就着力攻克什么问题。以问题为导向，要见诸思想，更要付诸行动。在百年未有之大变局和中华民族伟大复兴战略全局的大背景下，必须把握好"两个大局"下的各种变，党员干部要在变中清除自身的各类问题，在实践中自觉检验党解决问题的能力，在学习教育中提升才干，持续提升党防范化解各类重大风险的能力。

## 三、中国共产党在解决独有难题的奋斗历程中不断成长壮大

中国共产党发现、研究和解决自身问题的过程就是自我革命，百年来中国共产党团结带领全国人民在危难之际，奋起反抗，历经沧桑而锐气不减，百折不挠而斗志更坚，一个非常重要的原因就在于能够始终及时发现自身问题、解决自身问题。我们的党之所以伟大，不在于从不犯错误，而在于面对自身问题毫不掩饰，从不讳疾忌医，积极展开批评和自我批评，敢于直面问题，勇于自我革命，才能使中国共产党把握历史方位，走在时代前列。

---

① 习近平：《牢记初心使命，推进自我革命》，《求是》2019 年第 15 期。

### （一）新民主主义革命时期清除党内错误思想

新民主主义革命时期，为建设一个全国范围的、广大群众性的、思想上政治上组织上完全巩固的马克思主义政党，中国共产党坚持不懈地推进自我革命。

中国共产党成立初期，肩负着争取民族独立、人民解放的伟大使命，面临着内忧外患的艰难境地。中国共产党积极推进与国民党的合作，在全国掀起了反帝反封建的浪潮。在大革命后期，党内出现了以陈独秀为代表的右倾主义思想，这一思想难以驾驭复杂多变的革命形势，基于"二次革命论"的错误认识，企图以妥协让步和束缚工农运动等退让方式乞求与国民党右派的合作，主动放弃党对统一战线的领导权，最终导致统一战线的破裂。在关系党和革命事业前途和命运的关键时刻，中国共产党召开了八七会议，这次会议开诚布公地进行党内自我批评，纠正了右倾机会主义的错误，总结了大革命失败的经验教训，确定了今后革命斗争的方针。此次会议通过的《中国共产党中央执行委员会告全党党员书》指出：我们党公开承认并纠正错误，不含混不隐瞒，这并不是示弱，而正是证明中国共产主义运动的力量。八七会议是我们党在危急关头，真正意义上的第一次自我革命。1935 年 1 月 15 日，中国共产党党内随中央红军长征的重要领导人、各军团主要负责人和其他相关重要人物在遵义召开会议，纠正了党在政治上、军事上的"左"倾教条主义错误，但由于当时各种条件的限制，对这种错误还没来得及进行思想认识上的彻底清理。1937 年 12 月的中共中央政治局会议上，王明在传达共产国际指示时就明确提出要"一切经过统一战线"，这说明教条主义在党内还有一定的市场。此外，党风上的宗派主义、文风上的党八股等不良作风，在党内一些人身上仍然存在。抗日战争开始以后，党的队伍不断发展壮大。"有许多党员，在组织上入了党，思想上并没有完全入党，甚至完全没有入党。"①党内还广泛地存在着伪马克思主义的小资产阶级思想作风，教条主义、经验主义盛行。1942 年 2 月，毛泽东先后作了《整顿党的作风》和《反对党八股》的讲演。由此，以反对主观主义以整顿学风，反对宗派主义以整顿党风，反对党八股以整顿文风为主要内容的整风运动展开。中国共产党展开了历史上第一次大规模的整风运动，从认识论的高度彻底清算党内的"左"、右倾错误，教育全党干部学会运用马克思主义的立场、观点和方法，研究和解决中国革命的具体问题。

## （二）社会主义革命和建设时期的自我净化

新中国成立初期，党组织内部尚有一些革命时期产生、现在尚待解决的问题。刘少奇同志指出："在抗日战争和解放战争时期，因为战事的紧迫性，党组织对于党员精神思想工作的开展尚未完成。"国家各个领域都迫切需要进行建设，所以党内一些潜在的非无产阶级思想变得极为有害，进而对我们的社会主义事业产生负面影响。因此，在新中国成立初期，我们党继续坚持思想建设不松懈，努力解决党内存在的问题。

党中央自 1950 年起颁发了《关于在全党全军整风运动的指示》一文，明确提出：针对党内部的风气实施严厉整顿，针对党员干部的腐败问题以及骄傲自满等进行持续的整顿和教育，并进行批评和自我批评。中国共产党向所有中国人明确表示，不会容忍任何人，不论他们过往的经历和荣誉、职位高低，都会秉公处理。党

---

① 《毛泽东选集》第三卷，人民出版社 1991 年版，第 875 页。

中央决定将"两个务必"的思想落到实处，开展了整风运动，并把"三反"运动和整党运动结合起来，严厉打击一些党员干部的贪污腐败、收受贿赂的现象。1950 年 6 月上旬，中共七届三中全会就整风工作作了具体部署，要求各级党组织坚决执行中央指示，各项工作任务密切结合，进行一次大规模的整风运动。整风运动的整个过程主要分为三个阶段：一是查找各项工作中存在的问题；二是着力解决问题；三是进行个人思想的总结和反思。全党整风运动自 1950 年下半年开始，经过分批整顿，于年底结束。整风的重点对象是各级领导机关和干部，整风运动的主要任务是提高干部和一般党员的思想水平、政治水平，克服工作中容易犯的错误，克服容易骄傲自满的情绪，克服官僚主义、命令主义，改善党和人民的关系。

1951 年底，党中央针对党内官僚主义、贪污腐败严重的现象，在全国范围内开展了"三反"运动。"三反"运动开展后不久，一大批党和国家工作人员的贪污腐败案件被揭露出来，并且发现，这些案件大多与不法资本家的贿赂拉拢有关。在当时，私营工商业偷税漏税、项目建设过程中偷工减料、以次充好的现象；不法资本家与党和国家机关工作人员结党营私，共同实施违法犯罪活动的现象普遍存在。针对这些现象，1952 年初"五反"运动首先在大中城市开展起来。1952 年 10 月，中共中央对"三反"的处理结果以及"五反"运动中针对私营工商业的处理情况进行了系统的总结：全国共查处贪腐人员 120 余万人，其中党员干部 20 万人。中国共产党在"三反""五反"运动中，对处罚贪污腐败分子，整治私营工商业的决心，彰显出党中央对贪污腐败问题零容忍的态度，在任何时期都能始终保持清醒和冷静，使党员干部队伍永远保持纯洁性。

## （三）改革开放和社会主义建设新时期思想领域的革故鼎新

党的思想路线问题至关重要，这是一个关乎党和国家事业的基本问题。十一届三中全会上，邓小平明确提出了将党的工作重心放置在经济建设上面，在一定程度上实现了实事求是与思想解放，我们党重新规划了马克思主义的组织发展路线、政治发展路线与思想发展路线，实现了从僵化封闭到全面对外开放的重大转变。1981年6月27日，中国共产党第十一届中央委员会第六次全体会议一致通过《关于建国以来党的若干历史问题的决议》。《决议》指出，在政治工作中，一是采取多种措施恢复党组织内部的秩序，重新审议党在新中国成立以来过往造成的冤假错案；二是高度凝练新中国成立以来的历程，对毛泽东同志做出正确的评价；三是针对十一届三中全会提出正确的方针，为下一步发展指明了新的方向。同时指出，在经济工作中要改正"左"的问题；在教育工作中要切实恢复知识分子的社会地位，把国家教育、科学和文化事业拉上正轨。这些历史性的转变为党的自我革命重大历史转变奠定了坚实基础，为巩固党与各级人民的关系，维护国家稳定与统一起到了推动作用。

20世纪80年代末90年代初期，由于苏联解体、东欧剧变等因素的影响，国内外压力陡增，中国的改革开放问题又走到了"分岔路"。在国内外各种因素的影响下，中国改革开放的进程受到制约。我国建设再次面临选择的关键时刻，邓小平同志就这一系列问题发表了讲话，史称南方谈话，通过谈话的方式回答了当时社会发展中出现的分歧和矛盾，及时深刻地回答了我国改革开放中"什么是社会主义、怎样建设社会主义"的重大问题。南方谈话对社会主义本质进行深刻揭示，对姓"社"姓"资"争论展开澄清，对马克思主义真理性和实践性的阐释等，开创性地推进了马克思主义中国化进程。南方谈话打破了思想禁锢的误区，澄清了一系列束缚改革开放进程的重大理论问题，创造性地发展了马克思主义，为中国特色社会主义发展指明了前进的道路和方向，极大地解放了人们的思想、坚定了人们的社会主义信念，极大地推动了我国改革开放的进程，是建设中国特色社会主义道路上的又一座里程碑。

### （四）新时代以来的全面从严治党

2015 年，习近平总书记明确指出，要教育引导各级领导干部"勇于自我革命，敢于直面问题"，"自我革命"精神被正式提出。习近平总书记反复对自我革命进行了重要强调和科学论述："勇于自我革命，从严管党治党，是我们党最鲜明的品格，全面从严治党永远在路上。"[①] "做到不忘初心、牢记使命，并不是一件容易的事情，必须有强烈的自我革命精神。"[②] 习近平总书记围绕"自我革命"作出的一系列的重要讲话，立意深刻、站位深远、内容丰富全面、结构清晰缜密，系统地解释了一系列关于自我革命的重要问题，全面总结了党的百年历史中弘扬自我革命精神的宝贵经验，系统地描述了自我革命的重要意义，为推进新时代党的建设提供了重要遵循。

党的十八大以来，中国特色社会主义进入新时代，党内面临的形势更加复杂多变，仍然面临着许多突出问题，党面临的"四大考验"和"四种危险"将长期存在，我们党作为世界上最大的马克思主义执政党，要始终赢得人民拥护、巩固长期执政地位，必须时刻保持解决大党独有难题的清醒和坚定。持之以恒推进全面从严

---

① 《习近平谈治国理政》第三卷，外文出版社 2020 年版，第 71 页。
② 《习近平谈治国理政》第三卷，外文出版社 2020 年版，第 531 页。

治党，深入推进新时代党的建设新的伟大工程，以党的自我革命引领社会革命，落实新时代党的建设总要求，健全全面从严治党体系。我们要坚持和加强党中央集中统一领导。健全总揽全局、协调各方的党的领导制度体系，完善党中央重大决策部署落实机制，严明政治纪律和政治规矩，深刻领悟"两个确立"的决定性意义，增强"四个意识"、坚定"四个自信"、做到"两个维护"。

## 四、持续加强破解"始终能够及时发现和解决自身存在问题"的能力

我们这么大一个党，处在执政地位、掌控执政资源，很容易在执政业绩光环的照耀下，出现忽略自身不足、忽视自身问题的现象，陷入"革别人命容易，革自己命难"的境地。解决大党独有难题，是全面从严治党适应新形势新要求必须啃下的硬骨头，探寻提高破解大党独有难题能力的路径，是新时代党内亟须解决的问题。

### （一）坚持党的伟大自我革命

习近平总书记在党的二十大报告中深刻指出，"党的自我革命永远在路上，决不能有松劲歇脚、疲劳厌战的情绪"[①]。在新的历史条件下，要永葆党的马克思主义政党本色，要全面建设社会主义现代化国家、全面推进中华民族伟大复兴，关键还得靠我们党自己。"坚持自我革命"是党百年奋斗的重要历史经验之一，新时代

---

① 习近平：《高举中国特色社会主义伟大旗帜　为全面建设社会主义现代化国家而团结奋斗——在中国共产党第二十次全国代表大会上的报告》，人民出版社 2022 年版，第 64 页。

党的自我革命面临着更加艰巨复杂的任务，必须不断丰富和发展坚持自我革命的宝贵经验，在新的伟大征程上把党的伟大自我革命进行到底。

### 1. 旗帜鲜明讲政治为自我革命提供政治方向

自我革命是党跳出历史周期率的第二个答案。作为马克思主义政党，我们党必须旗帜鲜明讲政治，坚持以党的政治建设为统领管党治党，坚守自我革命的根本政治方向，在新时代新征程上坚持不懈把全面从严治党向纵深推进，以伟大自我革命引领伟大社会革命。讲政治关乎党的前途命运，是我们党补钙壮骨、强身健体的根本保证，是我们党培养自我革命勇气、增强自我净化能力、提高排毒杀菌政治免疫力的根本途径。推动党和国家事业发展，政治方向是第一位的问题。政治方向出现偏差，就可能失之毫厘、谬以千里。党的政治建设决定党的建设的方向和效果，以党的政治建设为统领，方能推动党的建设质量整体提升。党的十八大以来，以习近平同志为核心的党中央把党的政治建设摆在更加突出位置，不断强化管党治党的政治责任，形成了鲜明的政治导向，推动党的政治建设取得历史性成就。同时必须清醒地认识到，加强党的政治建设须臾不可放松，旗帜鲜明讲政治这根弦必须时刻绷紧。

讲政治不能停留在口头上，更要体现在面对大是大非、政治原则问题时拥有的坚定立场上，体现在为党分忧、为民造福的具体行动上，这对党员、干部的政治能力提出了明确要求。加强党的政治建设，需要着力提升党员、干部的政治判断力、政治领悟力、政治执行力。党员、干部要增强政治意识，自觉加强政治历练，善于从一般事务中发现政治问题，从倾向性、苗头性问题中发现政治端倪，从错综复杂的矛盾关系中把握政治逻辑，做到在重大问题和关键环节上头脑特别清醒、眼睛特别明亮。坚持用党中央精神分析形势、推动工作，始终同党中央保持高度一致，在学深悟透的基础上，结合具体实际创造性地开展工作，使党的路线方针政策和党中央决策部署落到实处、产生实效。

勇于自我革命，是我们党最鲜明的品格和最大优势，坚守自我革命的正确方向，就必须坚持以党的政治建设为统领，政治建设是党的根本性建设。旗帜鲜明讲政治，才能确保全党团结一致地朝着正确的方向前行。加强政治建设的首要任务就是做到"两个维护"，自觉用习近平新时代中国特色社会主义思想武装头脑、指导实践、推动工作，要在思想上行动上同以习近平同志为核心的党中央保持高度一致。

## 2. 锻造勇于自我革命的干部队伍

勇于自我革命锻造忠诚干净担当的干部队伍，要用理论武装思想。没有理论上的成熟就没有思想上的成熟与政治上的成熟。一个人如此，一个政党更是如此。新时代党员干部要坚持以习近平新时代中国特色社会主义思想武装头脑，要在原有学习的基础上取得新进步，把准政治方向的高度，推动学习不断往实里抓、往深里走、往心里去，做到学深悟透、融会贯通、学以致用；要有高度的政治敏锐性、坚定的政治立场，明辨是非，在思想上筑牢政治防线，确保不发生政治错误。

习近平总书记指出，在进行社会革命的同时不断进行自我革命，是我们党区别于其他政党最显著的标志，也是我们党不断从胜利走向新的胜利的关键所在。① 党员干部自我革命是保持自身先进性纯洁性的内在要求，是巩固党长期执政地位的现实需要。以史为鉴，党员干部必须立足根本，以勇于自我革命的精神，深入推进全

---

① 《习近平在十九届中央纪委三次全会上发表重要讲话强调　取得全面从严治党更大战略性成果　巩固发展反腐败斗争压倒性胜利》，《人民日报》2019 年 1 月 12 日。

面从严治党，自觉把严的基调长期坚持下去，提升个人专业化水平，发扬敢于斗争、善于斗争的精神，蹄疾步稳建设成为政治过硬、本领高强、忠诚担当的队伍。

### 3. 创新自我革命的体制机制

党的自我革命需要牢牢把握权力腐败治理的制度性保障，这是党百年来坚持自我革命的一条重要理论与实践总结。党的自我革命是一项长期性工作，需要以事关全局性、根本性、稳定性的制度保障作为其长效机制。2020 年 1 月，习近平总书记在十九届中央纪委四次全会上强调，"要以严格的执纪执法增强制度刚性，推动形成不断完备的制度体系、严格有效的监督体系"①。党的十八大以来，以习近平同志为核心的党中央明确提出要把对权力监督的核心主体转向党自身。因为中国共产党只有自己敢于并勇于对自身权力进行监督和制约，并形成在党的统一领导下全方位、全时空的监督格局与监督体系，才能在根本上扫除权力监督的死角。要坚持制度治党、依规治党，以党章为根本，以民主集中制为核心，完善党内法规制度体系，增强党内法规权威性和执行力，形成坚持真理、修正错误，发现问题、纠正偏差的机制。要健全党统一领导、全面覆盖、权威高效的监督体系，加强对权力运行的制约和监督。践行与落实党和国家监督体系，以党内监督为主导，促进各类监督贯通协调，实现自上而下的监督与自下而上的监督相结合。要推进政治监督具体化、精准化、常态化，增强对"一把手"和领导班子监督实效。要发挥政治巡视利剑作用，加强巡视整改和成果运行。要落实全面从严治党政治责任，用好问责利器，不断增强党自我净化、自我完善、自我革新、自我提高的能力，为稳定、持续和深入开展

---

① 《习近平谈治国理政》第三卷，外文出版社 2020 年版，第 549 页。

党的自我革命，永葆党的马克思主义政党本色、走好新的赶考之路提供坚定的制度保障和制度依据。

党的二十大报告明确提出要完善党的自我革命制度规范体系。这是坚定不移全面从严治党，深入推进新时代党的建设新的伟大工程的重要任务之一。在全面建设社会主义现代化国家、全面推进中华民族伟大复兴的过程中，中国共产党肩负着国家和民族的时代重担，承载着创造人类文明新形态的历史重任，一刻也不能停止自我革命，不断推进体制机制创新、各方面法律制度的改革完善，特别是自我革命制度规范体系的完善，应当作为自我革命的当务之急。

### （二）加强思想教育和理论武装

我们党始终保持马克思主义政党先进性和纯洁性、不断增强战斗力和创造力的重要法宝就是思想建党、理论建党。在前进道路上，我们一定要加强全党的理论武装，按照建设马克思主义学习型政党的要求，不断用党的创新理论武装全党。

#### 1. 把坚定理想信念作为思想建设的首要任务

党的十八大以来，习近平总书记多次强调理想信念的重要性。他指出，坚定理想信念，坚守共产党人精神追求，始终是共产党人安身立命的根本。对马克思主义的信仰，对社会主义和共产主义的信念，是共产党人的政治灵魂，是共产党人经受住任何考验的精神支柱。形象地说，理想信念就是共产党人精神上的"钙"，没有理想信念，理想信念不坚定，精神上就会"缺钙"，就会得"软骨病"。以坚定理想信念为根基就要按照党的二十大的要求，把坚定理想信念作为党的思想建设的首要任务，教育引导全党牢记党的宗旨，挺起共产党人的精神脊梁，解决好世界观、人生观、价值观这个"总开关"问题，自觉做共产主义远大理想和中国特色社会主义共同理想的坚定信仰者和忠实实践者。

**2. 坚持用习近平新时代中国特色社会主义思想凝心铸魂**

党的十八大以来，以习近平同志为主要代表的中国共产党人，坚持把马克思主义基本原理同中国具体实际相结合、同中华优秀传统文化相结合，创立了习近平新时代中国特色社会主义思想。习近平新时代中国特色社会主义思想以一系列原创性的治国理政新理念新思想新战略，为党和国家事业发展提供科学指引。习近平新时代中国特色社会主义思想围绕新时代坚持和发展什么样的中国特色社会主义、怎样坚持和发展中国特色社会主义，建设什么样的社会主义现代化强国、怎样建设社会主义现代化强国，建设什么样的长期执政的马克思主义政党、怎样建设长期执政的马克思主义政党等重大时代课题，以全新的视野深化了对共产党执政规律、社会主义建设规律、人类社会发展规律的认识。面对新征程上更加复杂的形势、更加艰巨的任务，我们要始终坚持以习近平新时代中国特色社会主义思想为指导，依靠科学理论指导实践，赢得优势、赢得主动、赢得未来。

坚持用习近平新时代中国特色社会主义思想凝心铸魂，是新时代党的思想建设的根本任务。习近平总书记在党的二十大报告中指出，用党的创新理论武装全党是党的思想建设的根本任务。只有理论上清醒才能有政治上的清醒，只有理论上坚定才能有政治上的坚定。把握好习近平新时代中国特色社会主义思想的世界观和方法论，坚持好、运用好贯穿其中的立场观点方法，要坚持学思用贯通、知信行统一，坚持不懈用习近平新时代中国特色社会主义思想凝心铸魂。

习近平新时代中国特色社会主义思想，是新时代中国共产党的思想旗帜，是国家政治生活和社会生活的根本指针，是我们认识世界改造世界的强大思想武器。坚持用习近平新时代中国特色社会主义思想凝心铸魂，要抓好党的理论学习教育，建设马克思主义学习型政党，深刻领会习近平新时代中国特色社会主义思想的核心要义、精神实质、丰富内涵及实践要求。将党的创新理论转化为党员干部坚定信念、锤炼党性修养的强大思想力量。

**3. 打造一支政治过硬、本领高强的思想工作宣传队伍**

做好新时代宣传思想工作是适应新形势解决新问题的现实需求。中国特色社会主义进入新时代，宣传思想工作开启新征程、完成新任务、实现新目标，宣传思想工作者必须把握统一思想、凝聚力量的中心环节，承担建设强大凝聚力和引领力的社会主义意识形态的战略任务，履行举旗帜、聚民心、育新人、兴文化、展形象的使命，必须在政治、业务、能力等方面有过得硬、使得出的本领，在理论、舆论、文化、文明等工作上有扛得起、拿得下的本事。

习近平总书记在全国宣传思想工作会议上指出："不断增强脚力、眼力、脑力、笔力，努力打造一支政治过硬、本领高强、求实创新、能打胜仗的宣传思想工作队伍。"① 对广大宣传工作干部提出了殷切希望，激励了宣传工作者积极奋发、开拓进取。"绳短不能汲深井，浅水难以负大舟。"面对国际国内意识形态领域的新趋势，宣传工作者只有不断掌握新知识、开拓新视野、开辟新境界，才能紧紧抓住党在意识形态领域的领导权，坚定广大党员干部的道路自信、理论自信、制度自信、文化自信，强化党内凝聚力和向心力。

---

① 《习近平谈治国理政》第三卷，外文出版社 2020 年版，第 315 页。

## （三）牢牢把握问题导向主动担作为

中华民族伟大复兴绝不是轻轻松松、敲锣打鼓就能实现的，今天我们所面临问题的复杂程度、解决问题的艰巨程度明显加大，给辨别是非、保持政治定力、防范各种风险的能力，提出了全新要求。只有认真研究解决重大问题，真正把握住问题的深层本质，主动担当作为，才能肩负起破解大党独有难题的历史重任。

### 1. 科学分析问题、深入研究问题

问题无处不在、无时不有。关键在于敢不敢于正视问题，善不善于发现问题。敢不敢于正视问题是态度问题，需要我们时刻保持头脑清醒，对存在的问题不掩盖、不回避、不推脱，否则就会使小问题演化成大问题。敢于正视问题，必须善于发现问题，领导干部就要在发现问题上领先。发现问题，要求我们有一双洞察问题的眼睛，拓宽视野看世界、看中国，看历史、看未来，从而找到工作中存在的问题，掌握解决问题的主动。当前党的建设面临新情况新挑战，有来自党内的，也有来自党外的。这就要求党员干部要坚持具体问题具体分析，遇到不同领域、不同类型的问题，要透过现象看本质，厘清问题的轻重缓急、难度等级，不能熟视无睹、掉以轻心，也不能一概而论、失之偏颇。坚持用辩证唯物主义和历史唯物主义方法，科学分析问题、深入研究问题，挖掘问题的症结所在，有针对性地解决问题。

### 2. 勇于攻坚克难、敢于触及深层次矛盾

习近平总书记在许多重要场合多次强调要"攻坚克难"："埋头苦干、攻坚克难，努力创造无愧于党、无愧于人民、无愧于时代

的业绩。"① "要攻坚克难、集智攻关，瞄准'卡脖子'的关键核心技术难题"②。"站在攻坚克难最前沿"，勇于善于攻坚克难，是我们党员干部干事创业所必不可少的能力。越是伟大的事业，越是充满挑战，越需要知重负重、攻坚克难。实现国家富强、民族振兴，需要一代代人前赴后继攻坚克难；打赢脱贫攻坚战，完成消除绝对贫困的艰巨任务，离不开基层一线党员干部的攻坚克难……关键时刻冲得上去、危难关头豁得出来，勇于善于攻坚克难，从来都是我们战胜一切艰难险阻的强大精神力量。作为党的领导干部，任其职，就要尽其责；在其位，就要谋其政。解决难题必然要触及各种矛盾，受到各种阻挠和艰难。这就要求中国共产党人坚定意志，树立坚定的理想信念，做到迎难而上，尽最大能力解决难题。对于难题，不能消极回避，只有主动出击，真正敢于碰硬，才能攻克它、解决它。党员干部必须具备敢于正视难题的勇气和破解难题的决心，以攻坚克难的实际行动赢得广大人民群众的拥护和支持。

当前，我国改革开放处于攻坚期和深水区，各种深层次的矛盾和问题躲不过也绕不开，深层次的矛盾日益凸显，诸如社会分配不公、贫富差距过大、腐败现象严重、社会阶层固化、环境污染等问题日益突出，严重影响着社会发展进步、和谐稳定。党员干部坚持问题导向，就要敢于触及深层矛盾、善于解决矛盾，向顽瘴痼疾开刀。要有勇于揭露深层矛盾的气魄和坚韧不拔的毅力，主动解决问题，想方设法把问题化解在萌芽状态，决不能敷衍、推脱矛盾，更不能激化、扩大矛盾。

### 3. 强化责任担当、发扬斗争精神

斗争无时不在，无处不在。斗争是艰辛的，斗争又是必经的试

---

① 习近平：《在"七一勋章"颁授仪式上的讲话》，人民出版社 2021 年版，第 3 页。

② 习近平：《在中国科学院第二十次院士大会、中国工程院第十五次院士大会、中国科协第十次全国代表大会上的讲话》，人民出版社 2021 年版，第 19 页。

炼，任何成绩的取得都是历经或大或小、或轻微或严峻的斗争得来的。不经历斗争，是无法开创历史的；心存幻想，是难以干事创业的。唯有经受严格的思想淬炼、政治历练、实践锻炼，提升斗争意识，发扬斗争精神，增强斗争本领，敢于斗争、善于斗争，狭路相逢之时方能披荆斩棘，克敌制胜。对于党员干部来说，要想干事创业、要想获得百姓夸赞，面对矛盾绝不能患"软骨病"，面对斗争绝不能成"软壳虾"，要以大无畏的斗争精神去攻坚克难，勇做敢于斗争的"战士"。

党和国家的事业只有进行时，没有完成时。当前，要从战略高度和全局高度上认识我们党和国家面临的新形势新任务。我国正处在全面建设社会主义现代化建设的关键阶段，国际国内环境发生了深刻变化，社会主要矛盾和问题发生了深刻变化，发展阶段和发展任务发生了深刻变化，工作对象和工作条件发生了深刻变化，对党长期执政能力和领导水平的要求也发生了深刻变化。这就更加迫切需要敢于担当、善于担当的领导干部拿出百分之百的热忱，积极把握工作的主动性，攻坚克难、闯关夺隘，不但要敢于作为，更要有新作为。

习近平总书记明确指出，只有全党继续发扬担当和斗争精神，才能实现中华民族伟大复兴的宏伟目标。中国共产党自诞生之日起，就是一个勇于担当历史责任的伟大政党。新时代新征程，更需要共产党人有新的担当。"船到中流浪更急，人到半山路更陡。"在昂首迈向第二个百年奋斗目标的征途中，会面临各种难以预料的风险和考验，党员干部要发扬历史主动精神，为实现人民对美好生活的向往、实现伟大中国梦，踏实苦干、奋力攻坚，敢于直面困难、自觉承担责任，做愿担当、善担当的党员干部，不负历史和人民的重托。

习近平总书记指出："中华民族伟大复兴，绝不是轻轻松松、敲锣打鼓就能实现的。"[①] 当代中国正处于近代以来中国历史上最接近中华民族伟大复兴目标的重要时刻，中国共产党人要慎终如始，在新时代波澜壮阔的伟大实践中不断发扬斗争精神，不断增强斗争意识，不断增强斗争本领，敢于斗争、善于斗争，方能乘风破浪，继续开创下一个灿烂的百年辉煌。

---

[①] 《习近平谈治国理政》第三卷，外文出版社 2020 年版，第 12 页。

# 第六章　如何始终保持风清气正的政治生态

　　生态一词源于生态学，是指生物与生物之间和生物与自然环境之间的关系。政治生态借助这一生态学术语，突出环境对政治的影响。具体来说，政治生态是政治生活现状以及政治发展环境的集中反映，是党风、政风、社风的综合体现。党的十八大以来，以习近平同志为核心的党中央持续推进政治生态的重构、净化、修复和优化，并取得了卓有成效的实践成果。政治生态明显好转不容易，始终保持风清气正的政治生态更为不易。习近平总书记强调，"营造良好政治生态是一项长期任务"①。

--------

　　① 习近平：《论坚持党对一切工作的领导》，中央文献出版社 2019 年版，第 255 页。

新征程上，面对更加复杂的执政考验，要把营造风清气正的政治生态作为基础性、经常性工作，浚其源、涵其林，养正气、固根本，锲而不舍、久久为功，不断加强和规范党内政治生活，加强党内监督，严惩腐败，坚持不懈把全面从严治党向纵深推进，实现党内政治生态全面净化。

## 一、能否始终保持风清气正的政治生态关乎党的事业成败和民族兴亡

中国共产党自成立以来，始终高度重视党内政治生态建设，强调政治生态建设对党和国家事业发展以及民族前途命运的重要价值。党的十八大以来，习近平总书记对党的政治生态建设有过许多重要论述。2013 年 1 月，在党的十八届中央纪委第二次全会上，习近平总书记第一次明确提出"净化政治生态"这个重大命题，并明确指出改进党的工作作风就要净化党内政治生态，营造良好的从政环境。随后，他在中共中央政治局第十六次集体学习时再次强调，全面从严治党必须营造良好政治生态，正所谓管理国家"必先正风俗"[1]。此后，他又在不同的场合多次强调，要通过党内政治生态建设推进全面从严治党、净化执政环境，并对如何加强党内政治生态建设不断作出新的深刻论述。从这些论述中能够看出，党内政治生态作为党的建设的"题中应有之义"和"基础工程"，不仅关系到清除党内腐败现象、全面推进从严治党，而且关系到中国特色社会主义事业。正因为如此，习近平总书记在二十届中央纪委二次全会上将"如何始终保持风清气正的政治生态"列为我们这

---

[1] 《习近平关于党风廉政建设和反腐败斗争论述摘编》，中央文献出版社、中国方正出版社 2015 年版，第 16 页。

个大党必须解决的独有难题之一。深刻认识并科学破解这一难题是推进全面从严治党的必然要求，是巩固党的执政地位的迫切需要，是实现民族复兴使命的重要保证。

## （一）始终保持风清气正的政治生态是推进全面从严治党的必然要求

习近平总书记反复强调，办好中国的事情，关键在党，关键在坚持党要管党、全面从严治党；并指出，形成风清气正的政治生态，是旗帜鲜明讲政治、坚决维护党中央权威和集中统一领导的政治要求，是持之以恒正风肃纪、推动全面从严治党向纵深发展的迫切需要。这一系列论述表明，巩固党的执政地位、发展中国特色社会主义、实现中华民族伟大复兴，关键在于推动全面从严治党不断纵深发展。而要实现此目标，必须大力加强党的政治生态建设，这既是新时代推进全面从严治党的目标追求和重要保证，又是检验全面从严治党效度的重要标尺。

始终保持风清气正的政治生态是推进全面从严治党的目标追求。从全面从严治党的逻辑建构来看，从严管党治党的目的就在于与时俱进地加强和改善党的建设，提升党的自我净化能力，实现全面净化党内政治生态的目标。正如习近平总书记所说："这些年来，在一些地方和单位，'四风'问题越积越多，党内和社会上潜规则越来越盛行，政治生态和社会环境受到污染，根子就在从严治党没有做到位。"① 党的十八大以来，以习近平同志为核心的党中央大力推进全面从严治党，使党内政治生态得到很大程度的改善。从党的作风建设来讲，党中央以制定实施八项规定为切入口，在很

---

① 《十八大以来重要文献选编》（中），中央文献出版社 2016 年版，第 92 页。

大程度上遏制了特权主义、形式主义、享乐主义等损害公民利益的不良现象；从反腐倡廉建设来讲，党中央坚持以高压态势和零容忍度治理腐败现象，同时把不敢腐的强大震慑效能、不能腐的刚性制度约束、不想腐的思想教育优势融于一体，有效遏制了党员干部滥用私权、以权谋私、买官跑官等腐化行为。在这个意义上，全面、严格地管党治党的过程，也正是净化党内政治生态、营造风清气正的党内政治生态的过程。新形势下，预防和制止各种不正之风反弹，继续解决党内存在的理想信念不坚定、贪污腐化、纪律松弛、脱离群众、违法乱纪等突出矛盾和问题，必须不断把全面从严治党引向深入，持续推动政治生态的正向演替。

始终保持风清气正的政治生态是推进全面从严治党的重要保证。习近平总书记在谈到全面从严治党必须加强政治生态建设时强调："我们一定要深刻认识到，严肃党内政治生活、净化党内政治生态，是党的建设中带有根本性、基础性的问题，关乎党的团结统一，关乎党的生死存亡。"① 这是习近平总书记站在党和国家事业发展全局的战略高度，对政治生态建设提出的新要求，也是新时代继续推进全面从严治党向纵深发展的重要遵循。从根本上说，政治生态好，那些贪污腐败、滥用权力等行为就会失去土壤、失去通道、失去市场，从而在很大程度上减少治党管党的阻力。反之，若政治生态污浊，党内腐化堕落、党员精神懈怠等问题就会不断涌现，阻碍全面从严治党的前进步伐。两者之间的这种生态联动决定了进一步推进全面从严治党必须依托良好的政治生态。新形势下，面对矛盾风险给党治国理政带来的新考验，面对形势发展变化给党的建设提出的新要求，迫切需要构建从廉尚实、干事创

---

① 《习近平关于全面从严治党论述摘编》，中央文献出版社 2016 年版，第 37 页。

业、遵纪守法、风清气正的良好政治生态推进全面从严治党，加强党的建设，确保其始终成为领导新时代中国特色社会主义事业的坚强核心。

能否始终保持风清气正的政治生态是检验全面从严治党效度的重要标尺。确立管党治党检验标准，是提升管党治党效果的必要之举。习近平总书记指出，政治生态是检验我们管党治党是否有力的重要标尺。① 在这里，习近平总书记首次提出以政治生态作为检验管党治党效果的重要标尺的问题。政治生态标尺，既可以看作是检验管党治党的过程性标尺，也可以认为是管党治党的最终标准。也就是说，恢复良好的党内政治生态是一个长期的过程，以政治生态标尺检验管党治党是否有力，我们既要看到政治生态恢复的过程性，又要重视政治生态恢复的结果性。从过程性标准来看，管党治党有力，党内政治生态逐渐趋向清明；管党治党不力，党内政治生态就会逐渐被破坏。从最终标准来看，管党治党有力，党内政治生态清明；管党治党不力，党内政治生态就必然会遭受污染。② 可以说，以党内政治生态标尺检验管党治党是否有力是全过程的检验，通过这种检验，能够反作用于党内政治生态，进而有利于夯实管党治党的基础、营造风清气正的党内政治生态。对此，我们必须保持清醒的政治认知和高度的政治自觉，时刻以政治生态检视管党治党效果，把全面净化政治生态摆在全面从严治党更加突出的位置。全面从严治党永远在路上，全面净化党内政治生态也永无止境。

---

① 《习近平李克强张德江俞正声刘云山张高丽分别参加全国人大会议一些代表团审议》，《人民日报》2017 年 3 月 9 日。
② 王春玺：《中国共产党党内政治生态建设的百年历程与基本经验》，《北京联合大学学报（人文社会科学版）》2021 年第 19 期。

## （二）始终保持风清气正的政治生态是巩固党的执政地位的迫切需要

2016 年 6 月，习近平总书记在中共中央政治局第三十三次集体学习时强调，"我们党九十五年的奋斗历程充分表明，严肃认真的党内政治生活、健康洁净的党内政治生态，是党的优良作风的生成土壤，是党的旺盛生机的动力源泉，是保持党的先进性纯洁性、提高党的创造力凝聚力战斗力的重要条件，是党团结带领全国各族人民完成历史使命的有力保障，是我们党区别于其他非马克思主义政党的鲜明标志"①。这是习近平总书记关于政治生态重要性的重要概括和全面论述，明确了以良好政治生态巩固党的执政地位的题中应有之义。

始终保持风清气正政治生态是党的优良传统和独特优势。尽管"党内政治生态"这一概念是在党的十八大之后正式提出的，但"净化党内政治生态"作为一种客观实践活动，伴随着党的革命、建设和改革的全过程。早在井冈山时期，我们党就制定《井冈山反腐败训令》，开启自主建设风清气正政治生态的征程。中央苏区时期，毛泽东提出并落实"使党员的思想和党内的生活都政治化、科学化"②的观点，形成了苏区干部好作风，赢得了苏区民众的称赞和信赖。延安时期，经过全党整风，构建了一个党风正、政风清、社风纯的良好政治生态。新中国成立后，毛泽东又明确"我们的目标，是想造成一个又有集中又有民主，又有纪律又有自由，又有统一意志、又有个人心情舒畅、生动活泼，那样一种政治局

---

① 《习近平关于全面从严治党论述摘编》，中央文献出版社 2016 年版，第 42 页。

② 《毛泽东选集》第一卷，人民出版社 1991 年版，第 92 页。

面"①，并进一步提出了"团结—批评—团结"方法，为建设风清气正的政治生态明确了目标、积累了经验。改革开放特别是党的十八大以来，我们党制定了《关于新形势下党内政治生活的若干准则》《中国共产党党内监督条例》《中国共产党纪律处分条例》《中国共产党问责条例》等一系列党内法规，使严肃党内政治生活、净化党内政治生态更加具体化和系统化。党的光辉历史证明，不懈追求风清气正的政治生态，始终是党充满生机活力、保持团结统一、领导人民胜利完成各个历史时期中心任务的独特优势。新的历史时期，面对具有许多新的历史特点的伟大斗争，迫切需要大力弘扬党的这一优良传统和独特优势。

始终保持风清气正的政治生态是解决党内突出问题的迫切需要。建党百年的奋斗历程表明，净化党内政治生态，是党的建设中带有根本性、基础性的问题，关乎党的团结统一和生死存亡。党的十八大以来，以习近平同志为核心的党中央以刮骨疗毒、自我革命政治勇气以上率下，痛下决心整饬党风，惩治腐败，集中解决了党内存在的诸多问题，全面从严治党取得卓著成效。但是，我们更应该清醒地看到，党内仍然存在一些不可忽视的突出问题。例如，贪污腐败问题依然存在，以权谋私、权钱交易的寻租现象仍未断绝；"会所""老乡"等圈子错综复杂，各式各样的利益团体、关系网使得权钱交易、人身依附现象依然存在等。这尽管只是个别现象，但负面影响却不可低估，如任其发展下去，势必破坏党的形象，削弱党的集中统一领导，不利于巩固党的执政地位。新形势下，面对这些突出的矛盾和问题，必须通过重构良好的政治生态来涤荡和驱除党内歪风邪气，营造风清气

---

① 《毛泽东文集》第八卷，人民出版社 1999 年版，第 293 页。

正、遵纪守法的良好氛围，切实铲除"四风"问题产生的基础和土壤，进而推动党内问题的解决和错误的纠正，实现党的自我修复以及自我超越。

始终保持风清气正的政治生态是实现党的执政使命的必然要求。风清气正的政治生态是一个政党生存和发展的必要条件，不仅关乎党的形象的塑造与优化，而且关乎党的凝聚力、战斗力、创造力的生成，关乎党的执政使命能否顺利完成。党的十八大以来，党中央全面分析党和国家工作面临的新形势新任务、新情况新问题，明确指出，要有效应对各种风险和挑战，实现"两个一百年"奋斗目标、实现中华民族伟大复兴中国梦，必须进一步把我们党建设好、建设强。如果党内信念涣散、组织涣散、纪律涣散、作风涣散，那就无法有效应对党面临的执政考验、改革开放考验、市场经济考验、外部环境考验，也无法克服精神懈怠危险、能力不足危险、脱离群众危险、消极腐败危险，最终不仅不能实现党的执政使命，而且可能像世界上一些大党、老党一样，最终丧失执政地位。为此，我们必须清醒地认识到重构政治生态的工作的极端重要性，持之以恒地推进风清气正的政治生态建设，努力在党内造就一种确保党的领导坚强有力和党的团结统一的良性运行的政治生态，助推管党治党实践迈上新境界，为更好地完成新时代赋予中国共产党的历史使命提供坚强保证。

### （三）始终保持风清气正的政治生态是实现民族复兴使命的重要保证

回顾党的百年奋斗历程，中国共产党之所以能够团结带领全国各族人民攻坚克难，取得了一个又一个的伟大胜利，最为重要的原因之一就在于始终勇于自我革命，持续不断地推进党内政治生态建设。党的二十大报告指出："从现在起，中国共产党的中心任务就是团结带领全国各族人民全面建成社会主义现代化强国、实现第二个百年奋斗目标，以中国式现代化全面推进中华民族伟大复兴。"[①]面对民族复兴进入不可逆转的历史进程，我们在增强信心的同时更需要时刻保持警惕，更需要进一步优化党内政治生态，营造良好的从政环境。只有如此，才能锻造民族复兴的坚强领导核心，为实现民族复兴使命提供坚强保证。

一方面，风清气正的政治生态能够让正气得到弘扬，从而激发党员领导干部干事创业的活力和热情，为实现中华民族伟大复兴凝聚磅礴力量。政治生态作为大气候大环境，不仅是一个地方总体的政治生活状况和政治发展环境的一种外在的状态呈现与表现形式，更是在其中蕴藏着某种鲜明的价值导向、行为规约与组织氛围。这种价值导向与组织氛围一旦形成，就会以一种"软环境"的形式潜移默化地影响和支配党员干部的价值取向和行为选择。实践证明，在优良的党内政治生态中，人心就顺、正气就足，党内健康力量会得到巩固和上升，就能增强党组织的凝聚力和战斗力，激发广大党员干部干事创业的精气神，使党的事业繁荣发展；反之，在恶劣的党内政治生态中，矛盾迭出、人心涣散、弊病丛生，党内消极力量就会占据上风，使党的事业发展受到损害。具体到民族复兴的历史使命，良好的党内政治生态不仅能够激发党内正能量，树立和形成"干事者得利、有为者有位"的正确导向，营造风清气正的优良氛围和务实为民的工作作风，激发广大党员干部担当作为的奋斗精神；而且有利于整个社会生态的良性运行和健康发展，有利于

---

[①] 习近平：《高举中国特色社会主义伟大旗帜 为全面建设社会主义现代化国家而团结奋斗——在中国共产党第二十次全国代表大会上的报告》，人民出版社 2022 年版，第 21 页。

全社会形成凝心聚力、团结一致、奋发有为的整体局面，从而激发和凝聚起民族复兴的历史伟力。正如习近平总书记所说，健康洁净的党内政治生态"是党团结带领全国各族人民完成历史使命的有力保障"①。始终保持风清气正的政治生态作为以全面从严治党引领实现中华民族伟大复兴历史使命的顶层设计，推进党内政治生态不断优化有利于在党内造就一种确保党的领导坚强有力和党的团结统一的良性运行的政治态势，形成一种扶正祛邪、激浊扬清的政治倾向，营造一种人心顺畅、正气充盈的政治氛围以及干事者得利、有为者有位的从政环境，从而以全党的强大正能量汇聚起全面建设社会主义现代化国家、全面推进中华民族伟大复兴的磅礴力量。

另一方面，中华民族的伟大复兴是实现经济繁荣、政治清明、文化昌盛、社会和谐、生态良好的系统工程，政治生态状况作为上层建筑，如果能够始终保持风清气正，必然对民族复兴的最终实现起到重要的保证和促进作用。根据马克思辩证唯物主义原理，经济基础和上层建筑是辩证统一的，二者之间存在一种交互的关系，即经济基础决定上层建筑，上层建筑对经济基础具有能动的反作用。政治生态状况作为上层建筑，对经济社会发展和文化繁荣有着巨大的反作用，优良的政治生态能够促进社会生态良性运行和健康发展，恶劣的政治生态则会严重制约社会生态的进步和发展。1949年新中国成立之后，党和人民政府各级领导坚持发扬延安精神，保持当年艰苦奋斗的优良传统，依托于全新的政治生态引领经济社会全面发展，从禁毒运动、娼妓改造、取缔会道门以净化社会风气到开展识字扫盲、加强文化教育以促进文化繁荣，暴风骤雨式的政治

---

① 《习近平关于全面从严治党论述摘编》，中央文献出版社 2016 年版，第 42 页。

力量激浊扬清，有力地促进了当时的经济社会发展。党的十八大以来，以习近平同志为核心的党中央坚持锲而不舍地净化党内政治生态，使党内政治生态不断呈现新气象新作为，并以优良党风政风带动社风民风向上向善，为实现中华民族伟大复兴提供了坚强的政治保障。实践证明，始终保持风清气正的政治生态，既是实现中华民族伟大复兴中国梦的内在要求和关键举措，也是党带领人民实现奋斗目标的重要前提和坚强保障。新形势下，面对新的执政考验和执政风险给党治国理政带来的新挑战，面对新形势和新使命给推进党的建设提出的新要求，必须持续优化党内政治生态，推动国家政治生态和社会风气的改善，促进社会经济文化的健康发展，以优良政治生态全面推进中华民族伟大复兴。

## 二、始终保持风清气正的政治生态是中国共产党必须解决的独有难题

政治生态是广大党员干部党性觉悟、党风政风的直观彰显和集中反映，一个政党的生死存亡和发展壮大，与政治生态密切相关。中国共产党是世界上规模最大、党员最多的政党，其政治生态建设始终处于重要地位。党的十八大以来，以习近平同志为核心的党中央就"营造风清气正的政治生态"作出多次阐释，强调"政治生态污浊，从政环境就恶劣；政治生态清明，从政环境就优良"，党对政治生态建设的认识不断深化。近年来，"四风"问题、党内潜规则盛行、政治环境污染等问题尚存，"如何始终保持风清气正的政治生态"，是中国共产党必须解决的独有难题，这一难题难在"风清"、难在"气正"、难在"始终"。

（一）难在"风清"——"风清"在"破"，就是要破作风之弊

作风问题关系党内风气和政治生态，关系民心向背，整治党的作风是净化党内政治生态的重要切入点和助推器。毛泽东同志曾指出："只要我们党的作风完全正派了，全国人民就会跟我们学。党外有这种不良风气的人，只要他们是善良的，就会跟我们学，改正他们的错误，这样就会影响全民族。"① 习近平总书记也指出，作为马克思主义政党，我们党应当拥有强大的真理力量和人格力量，前者熔铸于党的正确理论中，后者则外化为党的优良作风，"在作风问题上，大问题要抓，小问题也要抓。小洞不补、大洞吃苦！……抓作风问题就要积小胜为大胜，不以恶小而为之、不以善小而不为，通过抓党风政风带社风民风，努力营造廉洁从政的政治生态"，如何破除作风之弊，把党的优良作风继承下去，是中国共产党必须解决的独有难题。

难在如何消除腐败特权。腐败特权是违背党之宗旨、背离人民期盼、阻碍社会进步与民族复兴的最大不公，在实现新使命、完成新任务的时代征程中具有极强的政治危害性，亦是破除党内作风问题所需对焦的关键维度。习近平总书记在党的二十大报告中强调，要"坚决破除特权思想和特权行为"。中国共产党作为百年大党，要想永葆生机活力，必须去除腐败特权这颗最具威胁和杀伤力的毒瘤，必须以坚决反腐败反特权为抓手，破解"大的难处"，消除腐败特权，是中国共产党践行初心、坚持宗旨、以高度自觉意识彰显政党本色，发扬彻底自我革命精神的必然要求，也是塑造风清气正

---

① 《毛泽东选集》第三卷，人民出版社 1991 年版，第 812 页。

政治生态的重点难点。党的十八大以来，党中央积极开展反腐败、反特权斗争，遏制了腐败特权蔓延的势头，构筑了反腐败反特权的制度堤坝，充分利用和发挥反腐败反特权措施的震慑效应，使党内作风建设和政治生态逐渐呈现出新气象。但在当前的党内政治生活实践中，仍有部分领导干部存在信念动摇、唯欲谋取特权私利、脱离实际、不作为与乱作为、形式主义和官僚主义等作风问题，这些乱象影响了党内方针政策的贯彻落实，破坏了统一领导、团结奋斗的和谐局面，甚至会动摇党的执政根基，损害社会公平正义。因此，站在新的历史起点上，如何一体推进不敢腐、不能腐、不想腐，炼就百毒不侵的"金刚不坏之身"，如何以"刮骨疗毒、壮士断腕"的精神持续推进作风建设，是破除作风之弊所必须解决的难题。

难在如何综合纠治"四风"。纠"四风"、改作风、树新风，是整治作风问题、推动作风建设的有力抓手。党的十九大以来，党中央持之以恒落实中央八项规定精神，多措并举纠治"四风"取得显著成效，如通过开展"不忘初心、牢记使命"主题教育、建章立制约束党员干部行为作风、强化对"四风"问题的监督执纪等制度措施，狠抓"四风"问题不放松，使得作风建设不断呈现新的成果，有效遏制了铺张浪费等不正之风。习近平总书记指出，制定实施中央八项规定，是我们党在新时代的徙木立信之举，必须常抓不懈、久久为功，直至真正化风成俗。当前，享乐主义、奢靡之风仍不时抬头，形式主义、官僚主义更是实现新时代新征程党的使命任务的大敌，必须经常抓见常态、深入抓见长效。新时代条件下，纠治"四风"问题的病根，就要以"马不离鞍、不松手"的定力与钉钉子精神加强作风建设，紧盯"四风"隐形变异现象，深化标本兼治、系统施治，彻底铲除不良作风滋生蔓延的土壤、扎紧作风建设的铁笼，以优良作风带动社风民风向上向善，在新时代新征程上展现新气象新作为。

难在如何构建作风建设长效机制。一个执政党如果没有成熟完善的长效机制来规范党员干部的行为，也就无法规范党内作风、形塑良好政治生态。实现作风建设的制度化、规范化，及时把作风建设的成功经验转化为制度成果，建立健全作风建设的长效机制，是作风建设的重要组成部分，也是其需要攻坚完善的难点。党的十八大以来，以习近平同志为核心的党中央从全面从严治党的战略高度出发，充分认识和强调作风建设的重要性和紧迫性，以改革创新精神推进党风建设，从理想信念教育、制度制约、考核奖惩、调查研究等多个维度齐同发力，在构建党的作风建设长效机制上取得卓著成效。可以说，正是我们党从讲政治的高度重视作风建设的制度保障，才保证了党有旺盛的生命力和强大的国家治理能力，不断推进国家治理体系和治理能力现代化。但在新时代条件下，部分党员干部面对体制转轨、利益多元、思想多样的发展趋势，存在信仰迷失、信念淡化，党性原则逐渐丧失等问题，为此，必须充分发挥制度建设所带有的"根本性、全局性、稳定性和长期性"①，构建作风建设长效机制。新形势下，如何围绕干部作风建设的全链条完善体制机制保障，带出好的政风和社会风气，如何创新作风建设的长效机制，建立科学完备且操作性强的制度体系，如何健全作风建设教育培训机制、作风建设监督管理制度、作风建设问责制度和作风建设考核评价机制，将刚性制度要求融入柔性运行环境中，是构建作风建设长效机制必须解决的难题。

---

① 《十四大以来重要文献选编》（中），人民出版社 1997 年版，第 982 页。

## （二）难在"气正"——"气正"在"立"，就是要立浩然正气

党员干部坚守正道，弘扬正气是构建良好政治生态的必要保证。党的十八大以来，以习近平同志为核心的党中央多次强调，必须高度重视涵养党员干部的政治气节，让党员干部"养正气、祛邪气"，逐渐在党内形成了弘扬正气的大气候。站在新的历史起点上，新的使命任务对广大党员、领导干部提出新的更高要求，必须进一步营造有利于弘扬正气、抵御歪风的工作与政治环境，以党员干部的良政举止为起点，形成政治生态建设的良性循环。树立浩然之正气，优化党内政治生态，是持续推进作风建设的重点和难点。

难在如何坚定广大党员干部的理想信念。马克思主义信仰、共产主义远大理想、中国特色社会主义共同理想，是中国共产党人的精神支柱和政治灵魂，也是保持党的团结统一的思想基础。历史告诉我们，理想信念动摇是最危险的动摇，理想信念滑坡是最危险的滑坡。一个政党的衰落，往往从理想信念的丧失或缺失开始。因此，坚守共产党员理想信念和政治本色，是优化党内政治生态的首要任务。党的十八大以来，习近平总书记多次对理想信念作出重要论述，对党员干部坚定理想信念提出明确要求，强调必须筑牢理想信念根基，守住拒腐防变防线，树立和践行正确政绩观，练就过硬本领。党的十八届六中全会也指出，必须将坚定理想信念作为开展党内政治生活的首要任务。新时代条件下，党员干部理想信念的动摇、道德修养的缺失、为民担当的政治本色的丢弃，都是党内政治生态恶化的根源，基于此，广大党员干部必须把对马克思主义的信仰、对社会主义和共产主义的信念作为

毕生追求，坚定对中国特色社会主义的道路、理论、制度和文化自信。新形势下，进一步加强对党员干部的理想信念教育，就要引导广大党员干部自觉加强党性修养，坚定马克思主义信仰，引导其树立正确的权力观、政绩观和事业观，筑牢党员干部严于律己的思想道德防线。

难在如何强化党员干部廉洁自律的自我修养。党纪国法最基本的要求，就是党员干部要廉洁自律；反腐倡廉最关键的环节，也是党员干部要廉洁自律。强化党员干部廉洁自律的自我修养，是涵养和弘扬正气的必要之举，也是将作风建设要求落到实处的难点所在。新时代以来，以习近平同志为核心的党中央高度重视廉洁文化建设，强调"加强廉洁文化建设，完善一体推进不敢腐、不能腐、不想腐制度机制"，"要用廉洁文化滋养身心"等。2015 年修改通过的《中国共产党廉洁自律准则》紧紧围绕"廉洁"二字，从公仆本色、行使权力、品行操守、良好家风四个方面，对党员领导干部这个国家治理中的"关键少数"提出了"四个自觉"的要求，为党员干部树立了看得见、摸得着的正面引导的高标准。新形势下，廉洁自律是党员干部终身的课题，强化党员干部廉洁自律的自我修养，就要按照《中国共产党廉洁自律准则》的要求严格自律，守住做人做事底线，自觉做到廉洁自律、廉洁用权；就要践行核心意识、看齐意识，时刻做到自重、自省、自警、自励，践行廉洁从政承诺，以公心为重、群众利益为上，筑牢廉洁自律思想防线。

难在如何营造守正道、讲正气的党内环境。营塑守正道、讲正气的党内环境，是涵养政治生态的基本愿景和必然要求。早在1957 年，毛泽东同志就曾提出要营造充满正气的和谐党内氛围，"我们的目标，是想造成一个又有集中又有民主，又有纪律又有自由，又有统一意志又有个人心情舒畅、生动活泼的政治局面"①。习近平总书记也明确指出，"正所谓己不正，焉能正人"，因而塑造清廉正直的党内工作作风，"要净化政治生态，营造廉洁从政的良好环境"②。基于政治生态无法依靠自我修复实现平衡的现实，必须充分依靠我们党的政党自觉净化党内环境。党的十八大以来，以习近平同志为核心的党中央以踏石留印、抓铁有痕的精气神持之以恒地构建守正道、讲正气的党内环境，但弘扬清廉正直的党内作风，实现政治生态的重构与优化，还面临着许多问题困难：难在持之以恒地惩治腐败分子，惩治腐败"如果不除恶务尽，一有风吹草动就会死灰复燃、卷土重来，不仅恶化政治生态，更会严重损害党心民心"③；难在抓住领导干部这个"关键少数"，其身正，不令而行，其身不正，虽令不从，如果领导干部道德败坏、贪污腐化、骄奢淫逸，就会出现"官德降、民德毁"的恶果；难在树立正确的选人用人导向，"用得正人，为善者皆劝；误用恶人，不善者竞进"④，选人用人中存在的不科学不公平不公正问题尚待解决，必须"坚持正确用人导向，真正让那些忠诚、干净、担当的干部得到褒奖和重用"⑤；难在全面从严推进制度治党，当前党内法规制度建设中还存在某些制度的系统性、配套性和可操作性不强，某些制度缺乏执行的保障机制等问题。为此，必须认真制定新的制度，从而有针对性地解决制度缺失、制度失效、制度间协同不当等难题。

① 《毛泽东著作专题摘编》上册，中央文献出版社 2003 年版，第 1049 页。
② 《习近平关于全面从严治党论述摘编》，中央文献出版社 2016 年版，第 148 页。
③ 习近平：《在第十八届中央纪律检查委员会第六次全体会议上的讲话》，《人民日报》2016 年 5 月 3 日。
④ 吴兢：《贞观政要》，岳麓书社 1994 年版，第 114 页。
⑤ 《习近平关于全面从严治党论述摘编》，中央文献出版社 2016 年版，第 41 页。

## （三）难在"始终"——"始终"在"守"，就是要守气正风清

从总体上看，政治生态尽管处于运动不息、不断调整当中，但整体上是向好且稳定的。古今中外因政治生态恶化而导致丢权亡国丧邦的教训屡见不鲜，历史教训告诫我们：一个政党并不只是越大就越强，政治生态的好坏关乎政党的兴衰存亡。正如习近平总书记所说："政治生态和自然生态一样，稍不注意，就容易受到污染，一旦出现问题，再想恢复就要付出很大代价。"[①] 因此，始终维护好、守护好政治生态的气正风清，是提升党组织战斗力和凝聚力，使党组织始终保持干事创业精神状态的关键之举，也是中国共产党必须解决的独有难题。

难在始终保持净化政治生态的清醒和自觉。从提出自然生态要山清水秀，政治生态也要山清水秀，到深刻指出严肃党内政治生活、净化党内政治生态是伟大斗争、伟大工程的题中应有之义，习近平总书记诸多关于净化政治生态的论述，无不彰显出破解"大党独有难题"的清醒和自觉。党的十八大以来，虽然我们党在净化政治生态方面取得一系列开创性成就，但面临的"四大考验"和"四种危险"仍然长期存在。因此，既要全面、整体、系统地理解"始终保持风清气正政治生态"的要求，透彻剖析不良政治生态的形成原因、主要表现及破解之道，也要冷静客观地认识由于政治生态自身特性及其他因素共同作用所带来的艰巨性和复杂性，以理性科学的精神和态度积极推进政治生态的持续优化，不断取得新成效。始终保持净化政治生态的清醒和自觉，难在党政"一把手"要始终发挥好带头作用。党委（党组）书记作为发挥"领头

---

① 《习近平关于全面从严治党论述摘编》，中央文献出版社2016年版，第33页。

羊"作用的第一责任人，应当坚持把"两个确立""两个维护"作为最高政治原则和根本政治规矩，主动担当起管党治党政治责任，做到知责明责、廉洁自律。难在广大党员干部要始终增强政治判断力、政治领悟力和政治执行力。面对错综复杂的国际形势和艰巨繁重的国内改革发展稳定任务，广大党员干部必须以强大的使命感和责任感，始终盯紧重点问题、重点领域、重点对象，及时总结各地区、各部门、各领域在营造良好政治生态方面的优良经验并及时转化为制度成果，使其在更广范围、更深领域发挥作用。

难在如何推动政治生态建设常态化长效化。政治生态的易变性和易坏性决定风清气正政治形态形成与保持的特殊性和复杂性，因而必须始终推动政治生态建设常态化长效化。祛除邪气，正气才能树立和巩固。与庸俗的政治生态的斗争不是短期内就能成功的，而是要不断吹冲锋号，保持永远在路上的坚定和执着，加强对权力运行的制约和监督。不同时期政治生态建设中存在的问题并不相同，必须坚持问题导向，增强问题意识，聚焦政治生态建设实践遇到的新问题，不断提出真正解决问题的新理念新思路新办法。站在新的历史起点上，党面临的环境是复杂的，考验是严峻的，必须对政治生态问题时刻保持警惕，以永远在路上的定力和决心，推进政治生态建设常态化长效化。推进政治生态建设常态化长效化，难在建立刚性的制度体系保障。制度建设是实现政治清明的根本途径，必须让权力在阳光下运行，通过完备、严密的制度设计制约权力的使用、规范从政行为，打破关系网、抵制潜规则，为营造良好的政治生态提供有力保障。难在强化对制度体系的执行力，就是既要查摆出来问题，又要明确整改措施，切实解决问题。难在建立健全党员干部坚持为民务实清廉的长效机制，对于经实践检验行之有效、群众认可的，要继续坚持、抓好落实，不适应新形势新任务的，必须加以整改完善。

难在确保政治生态和社会生态的良性互动。政治生态是整个社会生态的重要组成部分。在实践逻辑中，政治生态是党作为政治主体所进行的政治实践活动形成的，包含政治价值追求、制度框架、运行机制等内容要素的系统。而社会生态作为以价值观取向、社会风气和自然环境等为要素构成的宏观系统，与整个政治生态系统相伴共生。确保政治生态和社会生态的良性互动，难在增强党内法规与国家法律的协调度。习近平总书记指出，"这些年来，从中央到地方搞了不少制度性规范，但有的过于原则、缺乏具体的量化标准，有的相互脱节、彼此缺乏衔接和协调配合，有的过于笼统、弹性空间大，牛栏关猫，很多腐败问题不仅没有遏制住，反而愈演愈烈"①，因此弱化了执政党对社会的领导力与社会对法律权威性的敬畏度，形成制度性障碍。难在加强政治主体与社会期望的契合度。以权谋私行为、搞家长制、一言堂或自由主义、分散主义等政治主体的失范行为，在对党内政治生态造成系统性破坏的同时，也削弱了社会生态对政治个体的社会期望，污损了整个党的社会形象，弱化了执政党的社会感召力。广大党员干部必须敬畏党和国家赋予的公权力，坚持以社会期望为指标来规范和约束自己的政治行为，从而带动党内政治生态的良性运转，进而促进整个社会生态的向好。难在提升政治文化与社会价值导向的融合度。"党内政治文化不健康，党内政治生态就会严重恶化；党内政治生态恶化，党内政治文化也不可能正气浩然"②。因此，必须塑造政治文化和社会价值观导向相互贯通的理想状态，既要以党内的浩然正气带动整个社会风气的向好；又要推动社会价值观的正确取向转化为积极性的

---

① 《习近平关于严明党的纪律和规矩论述摘编》，中央文献出版社 2016 年版，第 64 页。
② 辛鸣：《论党内政治文化》，《北京日报》2017 年 1 月 16 日。

政治期望和政治诉求，由此实现党内政治生态和社会生态的良性互动。

## 三、准确把握新时代始终保持风清气正的政治生态的实践要求

习近平总书记指出："我们党作为世界第一大党，没有什么外力能够打倒我们，能够打倒我们的只有我们自己。"① 面对"大就要有大的样子"的管党治党要求，"大也有大的难处"的问题挑战，必须扭住保持风清气正的政治生态这个关键不放松，扶正祛邪、激浊扬清。同时也要看到，构建风清气正的政治生态作为一项极为复杂的系统工程，需要我们党付出长期而艰巨的努力。新形势下，中国共产党人要准确把握"始终保持风清气正的政治生态"的时代要求，不断寻找破解大党独有难题的有效方案。

### （一）以加强思想建设为着力点，为保持风清气正的政治生态奠定基础

把党的思想建设摆在各项建设首位，从思想建设入手推动党的各方面建设，是中国共产党建设的一条重要经验。早在井冈山革命斗争时期，毛泽东就创造性地提出了"思想建党"的基本原则，指出："无产阶级思想领导的问题，是一个非常重要的问题。"② 100 多年来，正是因为我们党始终将思想建设放在首位，不断加强全党思想理论武装，才使党的先进性、纯洁性得以保持，党的凝聚力、创造力、战斗力得以增强，党领导的革命、建设、改革得以发

---

① 《十九大以来重要文献选编》（中），中央文献出版社 2021 年版，第 120 页。
② 《毛泽东选集》第一卷，人民出版社 1991 年版，第 77 页。

展。在这个意义上，习近平总书记强调："要解决党内存在的一些突出矛盾和问题，必须把党的思想政治建设摆在首位，营造风清气正的政治生态。"① 这一重要论述，为新时代以思想建设营造风清气正的政治生态提供了基本遵循。

以思想建设营造风清气正的政治生态必须坚定理想信念。马克思主义政党不是因利益而结成的政党，而是以共同的理想信念而组织起来的政党，理想信念是共产党人安身立命的根本。习近平总书记指出："党内政治生活出现这样那样的问题，根子还是一些党员、干部理想信念这个'压舱石'发生了动摇，世界观、人生观、价值观这个'总开关'出现了松动。"② 因此，要建设风清气正政治生态，首先要解决的问题就是要坚定理想信念，补足共产党员精神之钙。具体来说，一是要加强马克思主义理论教育，坚定对马克思主义的理论信仰，对社会主义和共产主义的信念；二是要正确认识和把握共产主义远大理想和中国特色社会主义共同理想的辩证统一关系，时刻牢记为中国人民谋幸福的初心，坚定不移地为实现远大理想而努力奋斗；三是要引导全党同志增强"两个维护"的自觉性，牢固树立"四个意识"，始终同党中央保持一致；四是要引导全党同志秉持为人民服务的宗旨意识，树立人民至上的先进理念，坚守共产党人的精神追求，不断提高为人民服务的综合能力。

以思想建设营造风清气正的政治生态必须用马克思主义理论武装全党。马克思主义作为科学的世界观和方法论，是我们认识世界、改造世界的根本观点、立场和方法。在长期的实践中，我们党正是将马克思主义基本原理同我国的具体实际相结合，创造性地解决了中国革命、建设和改革的一系列重大问题，取得了举世瞩目的

---

① 《习近平关于全面从严治党论述摘编》，中央文献出版社 2016 年版，第 44 页。
② 《习近平谈治国理政》第二卷，外文出版社 2017 年版，第 180—181 页。

伟大成就。在新的历史条件下，面对新形势、新情况、新问题，实现党的历史使命，必须坚持用马克思主义科学理论武装全党。具体来说，全党必须毫不动摇坚持马克思主义指导思想，党的各级组织必须坚持不懈抓好理论武装，广大党员、干部特别是高级干部必须自觉抓好学习、增强党性修养。要系统掌握马克思主义基本原理，学会用马克思主义立场、观点、方法观察问题、分析问题、解决问题，提高政治敏锐性和鉴别力。要深入学习马克思列宁主义、毛泽东思想和中国特色社会主义理论体系，认真学习习近平新时代中国特色社会主义思想，不断用马克思主义中国化最新成果指导实践、推动发展。

以思想建设营造风清气正的政治生态必须加强政德建设。国无德不兴，人无德不立，官无德不为。政德是领导干部从政德行的综合反映，不仅关乎领导干部个人形象，更是整个社会道德建设的风向标和政治生态的导航仪。进入新时代以来，习近平总书记对政德建设作出了一系列重要论述，提出立政德就要明大德、守公德、严私德，阐明了新时代党员领导干部政德建设的深刻内涵与基本要求。具体来说，明大德就是要铸牢理想信念、锤炼坚强党性，这就要求广大党员领导干部要忠诚于党的信仰，在大是大非、风浪考验、各种诱惑面前必须旗帜鲜明、无所畏惧、立场坚定，始终做到对党、对国家无限忠诚；守公德就是要强化宗旨意识，全心全意为人民服务，这就要求广大党员领导干部要恪守立党为公、执政为民的理念，自觉践行人民对美好生活的向往就是我们的奋斗目标的承诺，对于人民群众最关心最直接最现实的利益问题、难题，不懈怠回避、不搞形式主义，不断保障与改善民生；严私德就是要严格约束自己的操守和行为，切实把人民赋予的权力用来造福人民，这就要求党员领导干部要注重从生活中点滴小事做起，严以修身、严以律己，不断增强自我净化、自我完善、自我革新、自我提高能力，更好担负起党和人民赋予的重要职责。

### （二）以抓住"关键少数"为关键点，为保持风清气正的政治生态锻造队伍

从历史唯物主义角度来看，人民是历史的创造者和推动历史进步的根本性力量。不过，从辩证唯物主义角度来看，我们也不可轻视"关键少数"对历史发展的重要作用。具体到政治生态建设，领导干部因处于政治系统的权力中枢而成为政治生态建设的"关键少数"，能否构建良好的政治生态在相当程度上取决于领导干部这个关键群体的信念、决心和行动。为此，习近平总书记强调："营造良好从政环境，也就是要从各级领导干部首先是高级干部做起。"[1]"要突出领导干部这个关键，教育引导各级领导干部立正身、讲原则、守纪律、拒腐蚀，形成一级带一级、一级抓一级的示范效应，积极营造风清气正的从政环境。"[2]

首先，要严格"关键少数"的选拔任用。为政之要，唯在用人。严格领导干部的选拔任用是以"关键少数"为支撑构建风清气正政治生态的基础和前提。如果领导干部的选拔任用上出现问题，会给所在地方和部门的政治生态带来严重危害。如广东茂名曾出现严重的腐败问题，一个重要原因就是茂名官场在干部任用中跑官要官、买官卖官问题严重，"一些德才平平、投机取巧的人屡屡得到提拔重用，一些踏实干事、不跑不要的干部却没有进步机会"[3]，严重影响了当地的政治生态。为此，各级党组织一定要把

---

[1] 《习近平关于严明党的纪律和规矩论述摘编》，中央文献出版社 2016 年版，第 98 页。
[2] 《习近平关于全面从严治党论述摘编》，中央文献出版社 2016 年版，第 33—34 页。
[3] 《习近平谈治国理政》，外文出版社 2014 年版，第 448 页。

领导干部的选拔任用放在最突出的位置来抓。具体来说，一是要从严把好"关键少数"的政治关。选拔任用时要将政治标准放在首位，注重考察其是否能牢固树立"四个意识"，是否能坚定"四个自信"，是否能严格遵守党的政治纪律和政治规矩，是否能真正做到对党忠诚、为党分忧、为党尽职；二是要从严把好"关键少数"的品德关。选拔任用时把干部道德品行放在首位，对品行不端、道德败坏的干部，能力再强也要一票否决，坚决不能把那些思想作风不正的人选到班子里，更不能让他们当"一把手"。

其次，要加强"关键少数"的作风建设。作风好不好，关键看领导。作风问题关系党的生死存亡，"四风"问题严重破坏党内政治生态。针对当前"四风"出现的新动向和新表现，党的二十大报告指出，"要抓住'关键少数'以上率下，持续深化纠治'四风'，重点纠治形式主义、官僚主义，坚决破除特权思想和特权行为"①。具体来说，一方面要按照"忠诚干净担当"的要求加强领导班子思想作风建设，要教育领导班子成员树立正确的权力观、政绩观、事业观，说老实话、做老实事、当老实人，严守中国共产党人清正廉洁的政治本色，带头保持党的优良传统和作风，树新风、立正气，在净化党内政治生态方面以身作则，发挥示范带头作用；另一方面，要对领导班子和领导干部加强管理和监督，强化组织监督，改进民主监督，发挥同级相互监督作用，加强对党员领导干部的日常管理监督，以监督合力让"关键少数"知敬畏、存戒惧、守底线，防止党内政治生态负能量的滋生和蔓延。

最后，要规范"关键少数"的权力行使。领导干部在国家公

---

① 习近平：《高举中国特色社会主义伟大旗帜　为全面建设社会主义现代化国家而团结奋斗——在中国共产党第二十次全国代表大会上的报告》，人民出版社 2022 年版，第 69 页。

职人员中的绝对数只是少数，但其手中往往掌握着一定的权力，因而相对于普通公务员而言，有更多权力被滥用的可能。"关键少数"手中的这种权力如果不能得到有效的规范和制约，久而久之，就会严重破坏政治生态，破坏党的形象和党的团结。为此，营造风清气正的政治生态，必须严格规范"关键少数"的权力行使。具体来说，一是要严格要求各级主要领导干部特别是"一把手"必须自觉贯彻落实民主集中制，依照规定程序进行决策，确保决策的科学性和民主性；二是要严格落实请示报告制度，在涉及重大问题、重要事项时按照规定向组织请示报告，杜绝不请示、不报告，搞先斩后奏、边斩边奏，甚至斩而不奏等问题，严肃权力行使；三是要严格执纪问责，在厘清责任的前提下，做到一旦权力越位，问责机制就相应启动，努力达到"问责一个、警醒一片"的震慑效果。

**（三）以严肃党内政治生活为支撑点，为保持风清气正的政治生态培厚土壤**

党内政治生活作为马克思主义政党的政治优势，既是党员进行党性锻炼的主要平台，也是党组织对党员进行教育和管理的有效载体，是营造良好党内政治生态的重要支撑。正如习近平总书记所说，"党要管党，首先要从党内政治生活管起；从严治党，首先要从党内政治生活严起。"[1] 党的十八大以来，以习近平同志为核心的党中央把严肃党内政治生活摆在更加突出的位置来抓，更加注重提高党内政治生活的政治性、时代性、原则性、战斗性，加强全面从严治党，党内政治生活展现新气象。但是也要看到，一个

---

[1] 《习近平谈治国理政》第二卷，外文出版社 2017 年版，第 44 页。

时期以来，党内政治生活一定程度上存在的庸俗化、随意化、平淡化等现象，导致党内政治生态严重受损，一些党员干部腐败堕落，非常令人痛心。新的时代条件下，我们党要团结带领人民进行具有许多新的历史特点的伟大斗争，成功应对重大挑战、抵御重大风险、克服重大阻力、解决重大矛盾，迫切需要以严肃党内政治生活为支撑点，全面净化党内政治生态，把党建设得更加坚强有力。

首先，严肃党内政治生活就要严明党的纪律规矩。正如毛泽东同志所说，"路线是'王道'，纪律是'霸道'，这两者都不可少。"① 如果不严明党的纪律，党内政治生活就会陷入软弱涣散、自由无序的状态，党的凝聚力和战斗力就会大大削弱。为此，严肃党内政治生活，必须抓好严明党的纪律和规矩这个关键。具体来说，一是要强化纪律和规矩意识，决不允许各行其是、各自为政，决不允许有令不行、有禁不止，决不允许搞上有政策、下有对策，确保党的各项政策以及措施能够得到有效的落实和贯彻。二是要做到"有纪有规可守"，即以党章为根本遵循，在严格按照党章要求规范自己言行的同时对照党章找差距、检视问题，对症下药解决问题；以《关于新形势下党内政治生活的若干准则》为准绳，坚决贯彻党内政治生活准则，真正把严肃党内政治生活的各项任务落到实处、取得实效。三是要养成遵守纪律的自觉，树立责任意识，使广大党员干部时刻不忘初心，带头守纪守规，全面形成稳定有序和谐的政治生态。

其次，严肃党内政治生活就要严格党内组织生活。党的组织生活是党内政治生活的重要内容和载体，是党组织对党员进行教育管

---

① 《毛泽东选集》第二卷，人民出版社1991年版，第374页。

理监督的重要形式。严格党内组织生活，要充分发挥各级党员领导干部以上率下的作用，确保各级领导机关和领导班子成员按时严肃认真地参加党的组织生活，明确领导干部和普通党员都是平等的，都是党内普通的一员，都要共同履行共产党员应尽的义务，共同接受监督。严格党内组织生活，要扎紧织密制度的笼子，在认真落实好民主生活会、领导干部双重组织生活、谈心谈话、民主评议党员、主题党日等制度的基础上，强化制度执行力，加强对党内政治生活开展情况的监督检查和问责，使党内政治生活真正严肃起来、落到实处、发挥效用。严格党内组织生活，要坚持用好批评和自我批评的武器，既要坚持"少讲成绩、多讲问题"，又要坚持"言者无罪，闻者足戒"，按照党性的要求，认真开展批评和自我批评，通过有力的监督不断提高领导班子发现和解决自身问题的能力。

最后，严肃党内政治生活就要完善党内监督体系。中国共产党自建党以来，始终注重党内监督，尤其围绕完善党内监督体系、强化监督机制等进行了一系列的探索。新时代，继续深化党内监督、严肃党内政治生活就要做到：一是要强化政治监督，包括政治信仰、政治领导等方面的监督，通过强化政治监督，切实做到"两个维护"，压实全面从严治党责任"链条"。二是明确监督主体的责任，发挥监督主体的功效，促使监督走向常态化、长效化，结合监督监察、目标考核、责任追究，及时有效地监督党员干部，把问题解决于苗头中，防微杜渐，常规化党内政治生活。三是建立多元监督机制，通过官方网站、微信公众号等，开设举报专区，及时向社会和群众公布举报电话、举报信箱和举报网址等方式，为群众举报提供"绿色通道"。

### （四）以深化制度治党为落脚点，为保持风清气正的政治生态提供保障

制度治党是马克思主义政党建设的基本要求，是构建风清气正的政治生态，实现党的建设目标的刚性保证。对于政治生态建设来讲，规范明确的制度是其重要支撑要素。要把党内存在的突出矛盾问题解决好，要有效化解党面临的重大挑战和危险，为保持风清气正的政治生态提供保障，很重要的一条就是要完善规范、健全制度，扎紧制度的笼子。

首先，必须一以贯之、毫不动摇地贯彻落实民主集中制。"民主集中制是我们党的根本组织制度和领导制度"①，作为马克思主义政党独创的特有组织形式，民主集中制是正确规范党内政治生活、处理党内关系的基本准则，是激发党的创造活力、保持党的团结统一的根本保证。严肃党内政治生活，最根本的是认真执行党的民主集中制。要坚持把民主集中制领会把握好、完善发展好、贯彻执行好。一是按照民主集中制原则处理党内组织和组织、组织和个人、个人和个人等关系，坚决避免山头主义、团团伙伙，坚决反对自由主义、分散主义、个人主义，让党内关系回归正常化、纯洁化；二是按照民主集中制原则处理集体领导和个人分工负责的关系，把充分发扬党内民主和正确实行集中结合起来，确保坚持集体领导，按少数服从多数原则进行集体决策，在避免个人专断的基础上实行正确的集中，避免议而不决、效率低下的问题。

其次，必须全方位完善和加强党内法规制度体系建设。制度建设具有长期性、根本性、全局性，是国家治理现代化的重要工具，

---

① 《十五大以来重要文献选编》（下），人民出版社 2003 年版，第 1918 页。

营造良好政治生态需要建立和完善权力约束制度，需要在全面依法治国的同时完善党内法规体系，抓好廉洁自律准则和党内纪律处分条例等党内法规的贯彻执行，使制度成为铁规矩、硬约束，成为不可触碰的高压线，从而为营造风清气正的良好政治生态环境提供制度保障。习近平总书记强调，要"围绕责任设计制度、围绕制度构建体系，强化上级党组织对下级党组织和领导干部的监督，做到责任清晰、主体明确，制度管用、行之有效"①。从责任设计维度来看，制度的设计要科学合理，要落实主体责任，建立科学的考核机制和完善的责任追究机制，解决"责任评判不准"和"责任查处不严"的问题，要对不同的腐败行为给予不同的处理，要明确失责情形，规范责任认定，从严追究责任，实行终身问责制度，不管责任人是否退休、转岗、提拔等，都要追究到底；在制度体系的根本遵循与系统架构维度，建设高质量党内法规必须以党章作为根本遵循和法规之源，各位阶党内法规要与党章保持一致，只有党内法规制度体系完备、科学合理，才能为党内政治生态建设提供充分制度保障。具体来说，一方面要加快构建以政治生态建设为主题的制度体系，明确政治生态建设的方向、原则等基本内容，为政治生态建设工作的开展提供规范性的指导；另一方面要运用系统理论的思想，科学化、系统化推进考核、监督和问责等配套制度体系的完善，抓好顶层设计，从战略和全局高度谋划制度建设。

最后，必须严管狠抓各类制度规章的制定完善与执行落实环节。制度的价值在于落实，习近平总书记强调，法规制度的生命力在于执行，贯彻执行制度关键在真抓，靠的是严管，即必须一手抓制定完善，一手抓贯彻执行。在制定完善制度的维度，既要积极打

---

① 《十八大以来重要文献选编》（下），中央文献出版社 2018 年版，第 406 页。

造科学合理、富有活力、民主开放的制度生态环境，以刀刃向内的政治勇气，剑指突出问题，提高党内政治生态的制度革新能力，又要注重提升制度的认同度，要坚守人民立场，树牢全心全意为人民服务这一根本宗旨，增强与人民群众的感情，主动站在群众立场想问题办事情，在一项新制度出台之前要广泛听取民意，尽可能兼顾最大多数人的利益，反映最大多数人的诉求，获得最大多数人的支持认可；在贯彻执行的维度，要强化制度体系的落实，凭借高效、严格的执行力，将制度中所规定的内容贯彻到实践活动中，推动政治生态建设工作的科学开展，只有制度执行有力，才能堵住制度的漏洞，让那些违反党的纪律、挑战制度权威的干部受到应有的惩处。为此，一是在新制度出台之后，形成一体化的宣传网络，提高其传播力和认同度；二是各级党委，特别是纪检监察机关，要经常性地开展对制度执行工作的监督检查，对制度执行不力或造成严重后果的，加大查处力度，让漠视法纪者失去藏身空间、难有生存之地；三是提高违反制度的成本，只有让违反制度的人承担相应的后果，对违规违纪，破坏法规制度，踩"红线"、越"底线"、闯"雷区"的坚决严肃查处，不以权势大而破规，不以问题小而姑息，不以违者众而放任，才能激发起人们主动遵守制度、维护制度的动力。

# 后　记

　　习近平总书记在党的二十大报告中指出，我们党作为世界上最大的马克思主义执政党，要始终赢得人民拥护、巩固长期执政地位，必须时刻保持解决大党独有难题的清醒和坚定。中共中央政治局 2022 年 12 月 6 日召开会议强调指出，要时刻保持解决大党独有难题的清醒和坚定，时刻保持永远在路上的坚韧和执着，进一步增强坚定不移全面从严治党的政治定力，把严的基调、严的措施、严的氛围长期坚持下去，把新时代党的伟大自我革命进行到底。习近平总书记在二十届中央纪委二次全会上发表重要讲话指出，全面从严治党永远在路上，要时刻保持

191

解决大党独有难题的清醒和坚定。如何始终不忘初心、牢记使命，如何始终统一思想、统一意志、统一行动，如何始终具备强大的执政能力和领导水平，如何始终保持干事创业精神状态，如何始终能够及时发现和解决自身存在的问题，如何始终保持风清气正的政治生态，都是我们这个大党必须解决的独有难题。解决这些难题，是实现新时代新征程党的使命任务必须迈过的一道坎，是全面从严治党适应新形势新要求必须啃下的硬骨头。

"必须时刻保持解决大党独有难题的清醒和坚定"这个重要的命题，党的二十大首次提出后不久，习近平总书记又在多个场合强调，充分说明了这个问题的重要性。为了深入研究阐释大党独有难题，我们组织编写了本书。

该书由中央党校（国家行政学院）科研部副主任洪向华教授担任主编，负责设计提纲、组织书稿、统稿，负责前言（与杨润聪合作）、后记的撰写。具体承担编写任务的是：第一章由中国纪检监察学院张杨负责撰写；第二章由山东大学马克思主义学院解超负责撰写；第三章由中国石油大学（北京）马克思主义学院冯文燕负责撰写；第四章由中央党校（国家行政学院）党建部李梦珂负责撰写；第五章由中国地质大学马克思主义学院杨润聪负责撰写；第六章由山东大学马克思主义学院王辰负责撰写。

由于时间仓促，能力有限，有些错误在所难免，有些内容也需要进一步完善。在写作的过程中，本书参考了大量的著作、论文，未能一一列举出来，一并对业内同行表示感谢。

人民出版社法律编辑部主任洪琼同志等做了很多具体工作，给出了非常宝贵的建议。在此，对他们的辛勤劳动表示感谢。

洪向华

责任编辑：洪　琼

**图书在版编目（CIP）数据**

大党独有难题:怎么看怎么解/洪向华 主编. —北京:人民出版社,2024.1
ISBN 978－7－01－026170－6

Ⅰ.①大…　Ⅱ.①洪…　Ⅲ.①中国共产党-党的建设-研究　Ⅳ.①D26

中国国家版本馆 CIP 数据核字(2023)第 249217 号

**大党独有难题**

DADANG DUYOU NANTI

——怎么看怎么解

洪向华　主编

人民出版社 出版发行
（100706　北京市东城区隆福寺街 99 号）

北京中科印刷有限公司印刷　新华书店经销

2024 年 1 月第 1 版　2024 年 1 月北京第 1 次印刷
开本:710 毫米×1000 毫米 1/16　印张:12.75
字数:200 千字

ISBN 978－7－01－026170－6　定价:49.00 元

邮购地址 100706　北京市东城区隆福寺街 99 号
人民东方图书销售中心　电话（010）65250042　65289539